속삭이다, 평화

최소영, 손서정, 김예슬, 박현우, 이조영, 정일영, 최이슬, 태희준, 이준하, 이시권, 이혜연

속삭이다, 평화

토마스회

도서출판 월인

책을 펴내며

"평화를 빕니다…"

우리는 두 손을 맞잡고 우리 이웃의 삶이 평안하길, 그리고 우리가 살아가는 한반도에 평화가 정착되길 기도합니다.

토마스회는 그렇게 평화를 구하고, 평화를 공부하고, 평화를 만들어나가는 청년들, 분단된 한반도에서 오늘도 분주한 하루를 살아가는 청년들의 모임입니다.

토마스회의 어떤 이는 북한을 공부하고 어떤 이는 아이들에게 평화를 가르칩니다. 또, 어떤 이는 남북의 교류와 협력을 위해 일하고 있습니다. 이처럼 토마스회는 작지만 큰 꿈을 꾸며 살아가는 피스메이커들이 함께하는 모임입니다.

그렇게 '평화란 무엇일까?'라는 질문에 답을 찾아가다보니 이제는 우리가 생각하는 평화를 정리하고 함께 나누어 보기로 했습니다.

평화를 말하고 싶었어요.

이 책은 거창한 평화를 이야기하지는 않습니다. 다만 내 마음속에서 들려오는 평화, 나의 친구에게 물어본 평화, 나와 함께 이 땅에서 살아가는 사람들의 평화를 이야기하고 나누고 싶었습니다.

그런데 덜컥 책을 만들어 보자니 두려운 마음이 들었어요. 그래서 조금은 소심하게 속삭이기로 했습니다. 그래서 '속삭이다, 평화'라고 제목도 달아보았습니다. 이 책은 평안한 하루의 행복을 소중히 간직하고 내일의 평화를 위해 기도하는 저희들의 이야기입니다.

그렇게 작은 이야기들을 글로 엮다보니 '아, 이렇게 우리의 고민을 모아서 나누고, 작은 몸짓을 함께한다면, 평화가 봄바람처럼, 작은 아이의 한 발, 한 발처럼 다가오겠구나,' 생각하게 되었습니다.

우리는 분단된 한반도에서 살아가고 있습니다. 미디어에서는 하루도 빠짐없이 우리를 둘러싼 안보 문제와 북한 동향을 전하기 바쁩니다. 그런데 이렇게 위험하고 불안한 한반도에서 평화를 만들기 위한 노력들은 소외되어 가고 있습니다.

> "평화는 근본적으로 모든 인간이 인간으로서 서로 존중하고 사랑하는 상태라 할 수 있습니다. 서로 존중하고 사랑함으로써 한 나라, 한 사회 안에서는 빈부의 격차나 지역감정도 없고, 또 세계적으로는 모든 나라와 민족이 인종과 국가, 피부색, 언어, 문화의 차별을 넘어서 서로 같은 인

류 가족의 일원으로서 서로 위하고 사랑할 줄 알 때, 그것을 '평화'라 할 수 있을 것입니다."

- 故김수환 추기경님 말씀 중

우리는 평화를 원하고 평화로운 한반도에서 살아가길 희망합니다. 무기로, 무력으로, 전쟁으로 평화를 얻을 수는 없습니다. 평화를 만들기 위해 무엇을 할 것인지, 서로 만나고, 이야기하고, 함께 사랑을 실천해야 합니다. 어려워 보이지만 마음을 모아 행동하면, 또 그보다 쉬운 일도 없을 것입니다. 이 책은 평화를 만들기 위한 작은 실천이자 나눔입니다.

토마스회와 함께 평화만들기, 시작!

토마스회가 좌충우돌 평화나눔을 시작한 지 2021년 2월로 다섯 번째 해를 맞이합니다. 이렇게 저희들의 작은 글들을 모아 책을 만들 수 있도록 도움을 주신 모든 분들께 감사의 인사를 드립니다.

먼저 토마스회가 탄생하고 활동하는 데 물심양면으로 함께해주신 천주교 서울대교구 민족화해위원회 정세덕 위원장 신부님과 평화나눔연구소 홍용표 소장님, 임강택, 최진우 전임 소장님, 그리고 민족화해위원회 식구들과 연구소 박사님들께 진심으로 감사드립니다.

그리고 토마스회가 열심히 공부하고 활동할 수 있도록 늘 따뜻한 마음으로 지켜봐 주시고 영성으로 함께해주신 천주교 서울대교구장 이시자 평양교구장 서리이신 염수정 추기경님께 특별히 감사의 말씀을 전해드립니다.

마지막으로, 저희의 부족한 원고를 다듬고 출판해주신 월인출판의 박성복 대표님과 임직원 여러분의 노고에 감사드립니다.

이제 저희와 함께 평화를 속삭일 준비 되셨나요?
저희의 소소하지만 진지한 평화 이야기, 시작하겠습니다.

2020년 12월

「속삭이다, 평화」 저자 일동

토마스회와 함께 평화를 빕니다!

정세덕 아킬레오 신부

(천주교 서울대교구 민족화해위원회 위원장)

〈토마스회〉는 천주교 서울대교구 민족화해위원회 부설 평화나눔연구소 소속 가톨릭 청년 모임입니다. 『속삭이다, 평화』는 올해 25주년을 맞이한 천주교 서울대교구 민족화해위원회와 5주년을 맞이한 평화나눔연구소 개소를 기념하여 우리 가톨릭 청년들이 생각하는 다채로운 '평화'의 논의를 담았습니다.

평화는 무엇일까요? 언뜻 생각하면 쉽게 답을 낼 수 있을 것 같지만, 이만큼 우리를 난처하게 하는 질문이 있을까요?

『속삭이다, 평화』는 이 질문에 대한 우리 〈토마스회〉 청년들의 솔직한 답변입니다. 〈토마스회〉 청년들은 개인과 공동체의 경계를 넘어, 그들이 느끼고 생각하는 평화를 이 책에서 다채롭게 이야기합니다. 한 청년에게 평화는 마음 맞는 친구와 맥주 한 잔을 마시는 소소한 일상에서 느끼는 행복감입니다. 또 다른 청년은 갈등과 다툼 없이 모두가 행복한 상태를 평화라고 느끼기도 합니다.

어떤 청년은 DMZ를 바라보며 남북으로 갈라진 한반도의 현실에서 평화를 고민하기도 합니다. 일상에서 마주한 북한이탈주민을 떠올리며 오랜 시간 갈라진 남북이 어떻게 함께 살아갈지를 고민하는 청년도 있습니다.

한반도를 넘어 세계적 차원에서 평화를 고민하는 청년들도 있습니다. 탄자니아 봉사활동에서 겪은 자신의 경험에서 서로를 이해하기 위해 가장 기본적인 것은 소통임을 말하는 청년부터, 특정 사회집단에 대한 배척과 차별이 만연한 오늘날의 현실을 뮤지컬 내용으로 풀어낸 청년도 있습니다.

한 청년은 평화를 '심포니'로 표현하며, 완벽한 심포니를 완성하기 위해서 좋은 정치가 필요함을 강조합니다. 또 다른 청년은 타인의 고통에 무관심한 오늘날, 서로를 바라보는 우리의 시선과 마음을 이야기하며 역으로 우리에게 '평화란 무엇인가?'란 질문을 던집니다.

정말, 평화는 무엇일까요? 우리 〈토마스회〉 청년들이 느끼고, 생각하는 이 다채로운 평화를 이 책을 읽는 여러분들도 함께 느끼고, 고민해볼 수 있었으면 합니다.

여러분 모두의 평화를 빕니다. 감사합니다.

『속삭이다, 평화』 출판을 축하합니다!!

홍용표 소장

(평화나눔연구소 소장, 한양대 정치외교학과 교수)

『속삭이다, 평화』는 평화를 사랑하는 젊은이들의 공동체, 〈토마스회〉의 첫 번째 고백입니다.

여기에 모인 청춘남녀들은 다양한 삶을 살아왔습니다. 하지만 한 가지 공통점이 있습니다. 모두 하느님의 은총 안에서 평화를 소중히 여기고 간직하려는 사람들이란 점입니다. 이들은 대부분 평화를 학문적으로 연구한 사람들이 아니지만, 매일 매일의 삶 속에서 그 누구보다 간절히 평화를 느끼고자 기도합니다. 그래서 여기에 담긴 글들은 다른 데서는 찾을 수 없는 평화의 울림이 있습니다.

토마스회 젊은이들은 평화가 우리 곁에, 속삭이면 들릴 수 있는 거리에 있다는 것을 알려줍니다. 이들은 "퇴근 후에 맥주 한잔하고 침대에 누워" 평화로움을 느낍니다. 때로는 외국의 어느 도시에서 "비가 내린 후 찬란한 무지개"를 보며 "갈등을 쏟아내고 난 후에 찾아오는" 평화를 생각합니다. 학생들과 "서로 싸우지 않고... 급식에 맛있는 음식이 풍족하게 나와 모두가 배부르게 먹게 하시고..."라는 '교실버전 주기도문'을 읊으며 평화로운 학교를 꿈꾸는 선생님도 있습니다.

한반도에 사는 사람들인 만큼, 늘 이 땅의 평화를 고민합니다. 한 대학원생은 DMZ를 순례하며 북녘땅을 바라보고 선 성모마리아 상 앞에서 "종교의 자유가 없는 그곳에 주님의 은총과 평화가 함께 하기를" 간절히 기도합니다. 평양을 방문해 함께 지내던 북한 안내원과 헤어질 때 눈물을 흘리며 평화로운 한반도의 중요성을 깨닫기도 합니다. 평화통일에 관한 생각도 빠질 수 없습니다. 같이 술 한잔하며 축구를 보다 작은 실수에 "저런 멍청이!"를 연발하던 탈북민을 떠올리며 그들의 "평안한 삶"과 통일을 연결시켜 봅니다. 통일이 되면 "강남 복덕방 아주머니들"이 북한에 몰려갈지 모른다는 냉소적 우려를 철학적으로 풀어보려는 청년도 있습니다.

하지만 우리 젊은이들의 시각이 한반도에만 머물러있는 것은 아닙니다. 탄자니아에서 봉사활동을 했던 한 친구는 그 나라 말을 할 줄 알았기 때문에 우연히 버스에서 만난 할아버지에게 음료수 값을 받았던 기억을 떠올리며 언어와 소통의 중요성을 이야기합니다. 학자를 꿈꾸는 어떤 젊은이는 특정 사회집단에 배타적인 프랑스 사회를 고발한 '노트르담의 파리'라는 뮤지컬을 보며 어떻게 평화를 찾을지 고민합니다. 정부의 갑작스러운 정책 변경으로 편안한 보금자리를 마련하고자 했던 꿈이 깨진 신혼부부의 사례를 보며 평화에 있어서 정치의 역할을 찾아보려는 노력을 기울입니다. '데이트 폭력'과 같은 타인에 대한 증오와 혐오 현상을 보며 "어떻게 함께 살 것인가?"라는 근본적인 질문을 던지기도 합니다.

〈토마스회〉의 '평화 사랑'은 우리 이웃에 대한 사랑이라고 생각합니다. 일상 속에서 우리 곁에 있는 사람들과 함께 평화와 사랑을 나누고 싶어 하는 젊은이들의 속삭임에 귀 기울여 주시기 바랍니다.

다음에는 더 멀리 들릴 수 있도록 "평화를 외쳐"주기 바라며, 소중한 책을 만든 〈토마스회〉 여러분께 감사와 축하의 박수를 보냅니다.

1단. 평화를 이야기하자

2단. 평화의 공간, 경계, 사람들

3단. 분쟁과 갈등, 그리고 성찰

4단. 다시 평화를 묻다

1단

평화를 이야기하자

1. 나에게 그리고 너에게 평화란?

최소영

평화라는 호기심

2016년 처음 '평화'라는 단어에 호기심이 생겼다. 토마스회 활동을 갓 시작한 꼬꼬마 시기에 평화나눔연구소에서 '평화나눔학교'라는 강좌를 안내받고 문득 '평화학교에서는 무엇을 이야기할까?'라는 궁금증이 앞섰다. 그때 어떠한 끌림으로 명동성당에 평화 강의를 들으러 갔는지 모르겠지만, 강좌를 들으러 가는 길에 내 발걸음은 매우 가벼웠다. 그러나 결국 강의를 다 듣지 않고 허탈하게 집에 돌아왔던 기억이 아직도 생생하다. 평화 강의를 들으러 간다며 신나게 부모님께 자랑했지만, 끝난 이후 가족 메시지 창에 짧은 한 줄 소감을 남겼다.

"전 평화하고는 안 맞는 것 같아요. 저는 실용학문이 더 맞는 것 같아요"
"그래. 안 그래도 갑자기 무슨 평화인가 했다. 집에 가서 쉬어라"
"네. 재미 없었어요."

그때 첫 강의 주제는 용산에 있는 '전쟁기념관'에 관한 이야기였다. '전쟁을 기념한다는 것이 무슨 의미인가?'라는 질문으로 시작된 강의의 결론은 전쟁기념관이 없어져야 한다는 것이었다. 전쟁기념관은 원래 전쟁이나 승전을 축하하는 건축물, 기념물, 조각상을 전시하는 공간으로 진정으로 전사자를 추모하거나 평화를 담론하는 현시대에 맞지 않는다는 것이다.

나는 단 한 번도 전쟁기념관에 대해 깊게 생각해 보지 않았을 뿐더러, 강의에서 전쟁기념관의 존폐에 대해 많은 사람이 관심 있게 의견을 나누는 시간이 참 신기했다. 하지만 곧 실망했다. 우선 재미가 없었으며, 평화의 반대말이 결국 전쟁이라는 패러다임에 갇혀 있다는 생각이 들었기 때문이다. 그리고 그곳에 참석한 모든 이들에게 묻고 싶었다. "정말 평화의 반대말이 전쟁이라고 생각하세요?"

그렇다면 나는 왜? 평화라는 단어에 관심을 두게 된 걸까? 곰곰이 생각해 봤더니, 내가 '평화'라는 감정을 이미 풍부하게 몸과 마음으로 체험했었기 때문이었다. 2015년, 나는 아일랜드 그랜지모클러Grangemockler라는 작은 마을에서 7개월의 시간을 보냈다.

먼 섬나라 아일랜드의 한 작은 마을에 도착해 4일째 되던 날, '아일랜드는 동화 같은 곳'이라고 일기장에 적었던 기억이 난다. 새들이 곳곳에서 지저귀고, 밤하늘에는 별들이 가득하고, 아침 출근길에 만난 무지개는 나를 응원해 주는 것 같았다. 모든 자연이 온 힘을 다해 나를 지켜주고 있는 듯한 느낌을 받았다.

아일랜드의 이런 풍경을 표현하면 어떤 단어가 적합할까 싶어 국어사전을 찾았었다. '고즈넉하다.' '고요하고 아늑하다.'라는 표현이 마음에 닿았다. 고즈넉한 풍경에 싸여 하루하루를 지내다 보니, 나도 모르게 평화스러운 감정을 이야기하고 느끼고 있다고 막연하게 생각했던 것 같다. 그 막연했던 감정을 구체적으로 느끼게 해준 질문이 있었다. 어느 날이었다. 미소가 참 예쁜 다운증후군 환자인 토미Tommy와 함께 산책하던 중이었다. 그날은 모처럼 아일랜드에 햇볕이 따뜻하게 비치는 오후여서, 나도 모르게 눈을 조금 찡그리며 햇볕이 따갑다며 얼굴로 말하며 그와 걷고 있었다.

문득 그가 나에게 물었다. "Are you happy?"
나는 망설였고, 조금은 당황했지만 그에게 들키지 않고 대답했다.
"토미가 행복하면 나도 행복해."

아일랜드 시골길에서 평화를 느끼다

그리고 그는 표정으로 내게 말했다.

“웃어봐. 내가 아니라 네가 행복해야지.”

산책이 끝나고 나서 나는 그에게 진짜 마음에서 나오는 답을 할 수 있었다.

“고마워. 나한테 행복하냐고 물어봐 줘서.”

살면서 나에게 행복하냐고 묻는 친구나 가족은 없었다. 선뜻 ‘행복하다’라고 망설임 없이 말하는 사람이 몇이나 있을까? 나 역시 토미가 행복하다면 나도 행복한 것 아닐까? 하는 나의 시점이 아닌 토미의 시점에서 행복을 대답했었다. 그리고 이런 감정을 한국에 돌아와서 친구들과 나눈 적이 있다.

“내가 행복한 사람이어야만, 너는 행복해? 하고 물을 수 있을 것 같아”

“맞아. 지친 일상에서 행복이란 단어는 생각조차 안 나는걸.”

“어쩌면 행복은 마음에서 오는 것이 아니라, 환경에서 오는 것일 수도 있어.”

“행복한 환경이라.”

“아일랜드 행복해 보이더라. 조용하고 평화롭고.”

“평화로워 보였어?”

“응. 조용하고 별걱정도 없어 보이고.”

“조용하고 걱정 없는 상태가…. 평화로운 건가?”

“그런 것 아닐까?”

“그래. 평화로웠지”

한국으로 돌아와 '평화'라는 단어에 대한 호기심이 생겼다. 그리고 여전히 평화라는 담론에는 물음표와 느낌표가 항시 같이 따라다닌다. "그래서, 평화란 뭘까!?"

너에게 평화란 무엇인가?

나는 문득 궁금해졌다. 다른 사람들에게 평화란 어떤 의미가 있을까? 다른 사람들은 어떤 감정을 일컬어 평화라고 부를까?

그래서 20~30대 지인들에게 무작위로 질문해 봤다. 18명의 선택받은 지인들은 20대 후반, 30대 중반의 세월을 달려가고 있다. 그들은 한국 사회에서 전쟁을 겪어본 세대도 아니고, 이들의 부모 또한 전쟁세대도 아니다. 그리고 요즘 유행하는 평화교육도 받지 않은, 평화를 생각해 보지도 않은 청정 집단이라고 생각했기 때문이다. 그들은 자신을 평범하게 자라왔다고 말한다.

나는 이들에게 평화가 무엇인지를 질문하면서 아주 중요한 사실을 알게 됐다. 질문을 받은 사람들은 모두 평화가 무엇인지를 생각해 본 적이 없다고 했다. 그리고 평화를 정의하기 위해서는 시간이 상당히 많이 필요했다. 질문을 던진 나도, 질문을 받은 당사자도 굉장히 어색해져서 정적이 한참 흐르곤 했다.

"너에게 평화란 뭐야?"

"굉장히 어려운 질문인데 조금 생각하고 말해도 돼?"

"맞아! 나도 어렵더라고."

"한 번도 생각해 보지 못했어. 어려워."

"나에게는…."

나에게 평화란? '순간적으로 고민이 사라지는 고요한 상태'라고 생각했다. 평화는 움직이는 그 순간의 감정과 환경이 합쳐진 시공간의 느낌이다. 그래서 평화는 나에게 평화로운 그 상태. 그 순간순간이다. 생각이 끝난 그녀는 말했다.

"평화는…. 불안함이나 걱정이 없는 안전한 그 어떤 상태이지 않을까?"

생각이 많아질 때면 찾게 되는 고요한 바닷가

"일상에서 오는 안정적인 건가?"

"응. 내 생활이 안정적이고, 다른 큰 걱정이 없는 일상이 편안하게 지나갈 때 그때 나는 평화롭다… 하는 느낌을 받는 것 같거든."

"나도 일상의 고단함이 없어지는 그때를 생각하게 되더라."

"당연한 게 아닐까?"

"나는 힘들지 않을 때를 떠올리게 됐어. 내가 언제 걱정이 많은지 내가 언제 스트레스를 받는지 그런 일상들 같은 거"

"일상에서의 평화라…."

퇴근길 평화를 조금 생각해 보고 말하겠다던 그에게 다시 질문을 던졌다.

"평화는 뭐라고 생각해?"

"갈등이 없는 게 평화지."

"갈등?"

"일단, 갈등이 생기면 큰 소리가 나고, 그러면 평화가 없어져."

"고요한 환경이나 상황이 평화라는 거구나?"

"그렇지"

"어렵긴 하다. 평화라는 건."

대다수 그들에게 '평화'는 '고요한, 걱정 없는 상태'를 말하고 있었다. 평화를 정의 내리기 전에 다들 언제 평화롭지 않은지를 먼저 떠올렸다. 그리고 일상에서의 개인적인 평화를 떠올리며 평화를 이야기하고 있었다. 공통적으로, 한번도 '평화'라는 단어의 의미에 대해 생각해 보지 않았다고 했다. 그들에게 '평화'는 생각해 보지 못한 뜻밖의 일상이었기 때문에, 생각하고 정의를 내리기가 참 쉽지 않다는 것이었다.

그들이 말하는 평화란?

불안이 없고 마음이 평온한 안정한 상태

"불안하면 마음이 울적해지거든."
"불안함이 없어지면 다툼도 없지."
"서로서로 어울려져야 그게 평화지"

주변에서 아무것도 일어나지 않는 고요한 것

바다를 바라보며 사람들은 무슨 생각을 하고 있을까

"그냥 떠올랐어."

"무의식 속에 평화는 잠재해 있어."

"고요해야 평화지."

여느 때와 다름없는 평범한 일상

"평소에는 모르지만, 평화가 없으면 간절해지니까."

"개인과 가정의 평화가 바탕이 되어야 세계 평화를 논할 수 있는 여유가 생기지 않을까?"

내 에너지를 모두 소진한 이후 찾아오는 만족감

"더한 것도 덜한 것도 없는, 그 감정이 바로 평화지."

"평화도 결국에는 최종적인 목표인 거야."

평화를 느끼다!

퇴근길 혜화동 마로니에공원에는 거리마다 웃음 길이 번진다. 신나게 콧바람을 부르며 집으로 가는 직장인들. 그들의 발목을 붙잡는 거리의 악사들. 그리고 신나게 산책하는 강아지와 주인까지. 오늘은 마로니에공원 벤치에서 만날 약속을 했다. 우리는 약속한 듯이 약속된 시간보다 일찍 나와 벤치에 앉아 거리의 사람들을 구경한다. 그리고 물었다.

"언제 평화롭다. 평화스럽다. 하고 느끼는 것 같아?"

"조용한 공간에서 잔잔한 파도를 보거나 새 소리를 들으면서 누워 있을 때?"

"소음이 차단됐을 때 평화롭다고 느끼는구나?"

"응 그런 거 같아. 고요하면 온전히 나한테 집중할 수 있었거든. 넌 어때?"

"나는 퇴근 후에 맥주 한잔하고 침대에 누웠을 때 평화로워."

"그 느낌 잘 알지!"

"침대 밖은 위험하니까."

그들은 일상의 작은 시간 속에 평화라는 감정을 녹여내고 있었다. 그리고 고요한 자연이 함께 등장했다. 인적이 드문 시골, 파도. 바람. 산에서 조용하게 자연을 바라보거나 느낄 때 평화를 느꼈다. 하지만, 걱정거리나 고민이 있는 경우에는 조용한 공간도, 자연의 벗도 평화라는 감정을 안겨주지 못했다. '평화롭다.' '평화스럽다'라는 감정은 마음의 불안이 없는 평소와 같은 삶에 꾸며지지 않은 자연이 함께 하면 그만이었다.

지인들과 소주 한잔하며 치열한 일상에서 벗어났을 때도 평화롭다는 감정을 느끼고 있었다. 평화롭다는 감정은 우리의 일상에 녹아 있었고 나에게 오롯하게 집중할 수 있는 시간이 마련되어 있을 때 평화롭다고 말했다.

"평화롭지 않다고 느낄 때가 있을까?"

"엄청 많지."

"그래? 언제인데?"

"누군가와 갈등이 생겼을 때나 근심 걱정으로 머릿속이 복잡할 때…. 또"

"무언가 내가 쉽게 해결하지 못할 때…. 이거 스트레스랑 겹치네?"

"맞아. 불안한 마음이 생기면 평화롭지 않은 것 같아."

"불안한 마음이라…."

누군가와 갈등이 생겨 싸우거나 시끄러운 상황이 발생하면, 많은 이들은 평화롭지 않다고 느꼈다. 큰 소리로 다투거나 욕을 하는 갈등 상황이 언론매체에서 비칠 때마다 평화롭지 않다는 감정을 느꼈다고 했다. 그래서 어느 순간부터 뉴스를 보지 않는 자신을 발견하게 되었다고도 했다.

이러한 소란스러움은 공간에서뿐만 아니라 마음이 온전하지 못할 때도 평화스럽지 않다는 감정을 끌어내고 있었다. 걱정이 많거나 근심 걱정이 스스로 내 안에 많을 때는 고요한 일상이라고 하더라도 평화롭지 않다고 느낀다고 했다. 그리고 예측하기 어려운 일로 나 스스로가 방향을 정할 수 없을 때 평화롭지 않다고 느끼고 있었다.

이제 '평화'라는 감정을 나누면서 드러나지 않았던 평화 속에 숨겨져 있는 내면을 들춰봤다. 그들이 말하는 평화 속에 숨겨져 있는 어두운 감정들은 무엇일지 궁금했다. 그리고 그 감정을 나누면서 나도 크게 공감했다. 그들은 '불안', '울적함', '위협', '갈등', '미움'이라는 감정을 나눠주었고, 이러한 감정들은 평화의 반대말로 연계되고 있었다.

"평화의 반대말은 뭐라고 생각해?"

"불안이라고 생각해."

"불안?"

"응. 내 마음이 불안하면 평화는 오지 않아. 불안한 감정 상황이 생기면 내 평화는 지속될 수 없어."

"불안이라고 말하니, 곧 우리 사회에 있는 청년들의 감정을 이야기하는 것 같지 않니? 뭔가 청년시대 느낌인데?"

"말하고 보니 그러네. 당신은 행복하십니까? 이런 질문 같다."

"평화를 이야기하는 건 마치 지금의 내 삶 자체를 이야기하는 것 같아"

"너는 평화롭니? 이렇게 묻는 것 같아?"

"응. 그래서 그 물음에 대한 답이 어려웠네."

"어려운 질문이었구나. 실은 나도 어려웠어"

가장 많이 언급된 평화의 반대말은 '불안'이었다. 무려 절반 이상이 '불안'이라는 단어를 떠올렸다. 어쩌면 '평화란, 무엇일까?'라는 질문이 이들에게는 '당신은 현재 평화로운가요?'라는 질문으로 들렸던 것일 수도 있겠다.

20~30대 청년들이 지금 느끼는 감정은 불안이었고, 이는 주로 불안한 환경, 심리적인 위협에서 비롯되고 있었다. 그들의 생각은 비슷했다. 개인의 평화를 우선시하며 이야기했고, 사실 한때의 모범답안이었던 '세계의 평화'는 없었다.

평화의 반대말은?

몸과 마음의 불안정 그리고 분노

"불안한 마음이 생기면 평화롭지 않다고 느껴."
"고요하지 않은 상태가 불안이지 않을까?"

타인과의 다툼, 갈등, 소란, 파란, 미움 그리고 전쟁

"평화를 깨지게 하는 건 결국 사람들 간의 다툼이야."
"평화의 일차적인 반대말이 전쟁인 시대는 지났어."
"나를 위협하는 순간이 결국 평화를 깨트리는 거 아닐까?"

평화를 찾아서

평화를 이야기하는 동안 순간순간의 감정들이 쏟아져 나왔다. 그 감정에는 20~30대들이 느끼는 현대사회의 아픔, 불만, 기대, 희망이 모두 들어 있었다. 평화를 이야기하며 그들의 숨겨진 감정들이 터질 때마다 우리는 서로 마음이 아팠고 한숨이 새어 나왔다. 그래서 묻고 싶었다. 평화를 느끼고 싶을 때 주로 무엇을 하는지 말이다.

"마음이 복잡할 때 주로 뭘 해?"
"그냥 산이나 바다 같은 데 가서 멍 때리곤 해."
"나랑 비슷하네. 나도 하늘을 바라봐."
"그러면 좀 풀려?"

"아니, 별로."

평화라는 질문을 나누면서 우리는 서로 느꼈다. 평화를 이야기하지만 우리는 진정한 마음의 평화를 느껴보지 못했기 때문에 어떻게 평화를 설명하는지를 모르고 있었다. 더 정확히 말하자면 우리 사회는 평화를 이야기해 보지 못했기 때문에 평화는 우리에게 그저 낯선 존재였다. 나 역시 평화를 묻는 내 모습은 어색했고 그 어색함을 서로 공감하고 있었다. 결국, 평화롭고 싶을 때 찾는 방법에 대한 답변들은 결국 스트레스 해소 방법이나 취미를 설명하는 것에 그쳤다.

우리 사회에서 평화는 언제부터 자리 잡게 된 것인가? 언제부터인가 사람들은 평화를 이야기하고, 평화교육을 받고, 그 감정을 표현하는 시간이 필요하다고 말하고 있다. 하지만, '불안'이라는 감정에 갇혀버린 20~30대의 평화는 누가 설명할 수 있을까? 시대가 그리는 평화라는 정의가 점차 바뀌어가고 있지는 않을까? 20~30대 우리는 평화의 감정을 공유하는 방법을 스스로 고민해야 하지 않을까? 중요한 사실은 우리 모두 평화를 낯설어 하고 있지만, 평화를 느끼고 싶어하기 때문이다. 평화를 찾아서.

낯선 길에서 평화를 맞서다

최소영 프란체스카

저는 서울대학교 의과대학 통일의학센터에서 연구원으로 일하고 있습니다. 호기심이 많은 저는 지인들에게 뜬금포 질문을 많이 던지곤 합니다. 저의 질문으로 독자들도 평화를 느끼고 찾아가길 바라봅니다.

2. 저는 '평화살이' 중입니다만,

: 내 삶에 들어온 평화를 돌아보며

손서정

자유의 집에서 바라본, 판문점에 새로 짓고 있는 성당의 모습이다.
새로 지어가는 평화가 저처럼 아름답게 세워지기를 기도한다.

평화, 그 시작

'평화,' 평화라는 단어가 내 삶을 송두리째 끌어안게 된 시작은 내가 생각했던 평화가 산산이 깨어진 다음이다. 이전까지의 평화는 미사 중에 나누는 평화의 인사처럼 서로 평안을 비는, 다소 막연하지만 그저 좋은 의미의 그런 단어였을 뿐이다. 내 삶 속의 평화라는 게 깨지고 나서야, 비로소 도대체 삶이란 무엇인지에 대한 진지한 고민을 시작하게 되었다. 보통 사춘기에 겪는다는 정체성과 삶에 대한 고민을 그제야 시작한 나는 참 늦되고 우둔한 사람이다.

도대체 내가 어릴 때부터 믿어 온 신은 무엇을 하는 건지, 세상과 개인의 우여곡절을 통해 무엇을 전하는 것인지 가슴이 미어지도록 궁금함이 끓어올랐다. 남들은 기도와 묵상도 하고 매일 묵주기도를 5단씩 바치기도 한다는데, 외우는 걸 도무지 싫어하고 잘 하지도 못하는 나는 그 흔한 성모송조차 모르는 상태였다. 결국, 주일 미사 참례 정도만 충실히 지키던 내가 선택한 방법은 매일 미사에 가는 것이었다.

다행히 마침 나의 본당에는 열정적인 새 신부님이 오셔서, 크리스마스까지 백일 동안 특별한 지향을 두고 미사를 하며 신자들에게 매일 묵상 글도 나누어주셨다. 더구나 하루에 3번씩 미사를 집전하셔서 내 상황에 따라 미사를 빼먹지 않고 참례할 수 있었다. 젖먹이 아이를 데리고 매일 출근 도장을 찍기 시작했다. 곧 추운 겨울이 되자 담요로 꽁꽁 싸맨 아이를 유모차에 태워 눈길을 밀고 다녔다.

성전에 들어선 순간부터는 무엇이든 건져보려는 맘으로 미사 중에 주신 말씀과 강론을 듣는 데 온 정신을 일깨워 집중했다. 어떤 재미있는 강의나 대학교 전공과목을 들을 때에도 그렇게 눈 한 번 깜빡이지 않고 단어 하나 놓치지 않도록 노력하며 열중해서 들은 적은 없었다. 보통 30분이면 끝나는 평일미사에서 강론시간은 10분도 채 되지 않지만 무한한 깊이의 의미를 찾으려 열중하다보면 3시간 강의를 들은 것보다 더 큰 피로감이 밀려오곤 했다.

하루하루가 지날수록 배움과 깨달음에 대한 기대로 하느님을 찾아가는 그 여정은 아이와 소풍가는 일상이 되어 마냥 행복하기만 했다. 그러다보니 어느 순간, 삶의 단편 속에 그 누구와 나누었던 말 한마디 속에 담겼던 의미나 진리, 그동안 무심코 지나친 몇 년 아니 몇십 년 동안의 의미가 언뜻 어렴풋이, 어썰 땐 명확히 잡히기 시작했다. 그렇게 나는 하느님과의 진정한 만남을 시작했다.

신기한 끌림, 세상보다 그를 바라다

당시 나의 상황은 세상 속에서 스스로 자립할 수 있는 터를 잡는 것이 시급했다. 열심히 매일 미사 참례를 하면서 이것저것 할 수 있을 만한 일들을 찾았다. 안정적인 직업도 가질 수 있고 실질적인 삶에 도움이 되는 공부를 하려고 마음먹고 세상에서 좋다는 학교와 전공을 찾아 지원하던 중이었다. 그런데 미래를 위한 나 자신의 계획에도 불구하고, 주보 속에 끼어 들어온 낱장 광고지 하나가 내 맘을 온통 빼

앗아 버렸다.

결국, 내 가슴은 하느님이 더 알고 싶었고 내가 모르는 깊숙이 있는 그 무언가가 강하게 나를 끌어당겼다. 그렇게 나는 하느님을 공부하기로 선택했다. 낮에는 일을 했고, 밤에는 공부를 했다. 정말 주경야독이라는 사자성어의 의미를 맛본 시절이다. 그럼에도 전혀 피곤하지 않았다. 일을 끝내고 저녁미사 시간에 가까스로 맞춰 성당에 도착하여 성전 문을 여는 순간, 아버지 집에 돌아왔구나 하는 안도감과 함께 희열이 밀려왔다.

공부를 시작하며 새로운 사람들을 만나고 새로운 배움을 만나는 순간마다 얼굴에는 웃음이 마냥 피어났고, 수업이 끝나고 자정이 다 되어 집으로 돌아오는 순간에도 콧노래가 흘러 나왔다. 특히 비발디의 〈세상엔 참 평화 없어라〉를 즐겨 듣고 흥얼거렸다. 원래 제목은 〈고통 없이 세상엔 참 평화 없어라〉인데, '고통 없이'를 생략하며 그렇게 제목을 부르게 된 것이란다. 거의 300년 전에 이런 가사를 쓴 작사가가 있는 것을 보니 정말 고통 없이 참 평화를 알기란 그리 쉽지 않은가 보다. 나의 어리석음을 깨우칠 떨어짐과 고통을 겪고 나서야 세상이 주는 것과 같지 않은 진정한 평화를 맛볼 수 있었다.

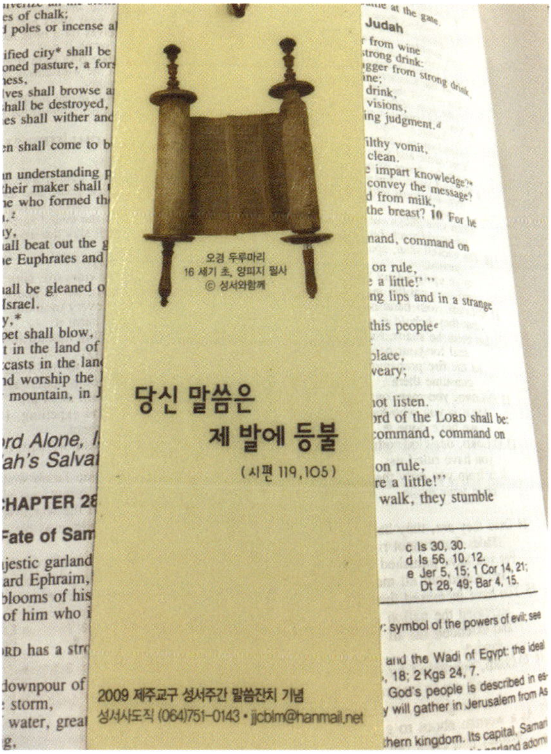

그는 나의 사랑이다.
그는 나의 감동이고,
나의 가장 귀한 눈물의 근원이다.

그 어떤 세상의 지식과 과학을 가지고 와도
그가 나의 전부인 그 이유는

그가 나를 알고
내 이름을 불러 이끌어 내었고
내가 그를 알고
매일의 삶에서 그를 만나기 때문이다.

그를 만나는 시간이
내겐 가장 큰 기쁨인 것은,
그가 나의 가장 큰 사랑이기 때문이다.

이제야, 스승을 알아차리다

평화를 찾겠다고 갈구한 길에 들어서서 맞은 가장 큰 행운은, 난생 처음으로 학창시절에는 한 번도 겪어보지 못한 참 스승을 만난 것이다. 초등학교 때 내 평생의 스승일 것이라고 생각했던 교사는 대학생이 되어 돌아보니 지금 같으면 미투운동을 벌일만한 행동을 했었던 것임을 뒤늦게 알아챘고, 맑은 미소를 띠고 국사를 가르치던 고교시절 담임 선생님은 우리에게 제대로 된 역사를 알려주려고 노력하셨지만 전교조가 뭔지도 모르는 우리에게 전교조 소속이라는 이유로 학교를 떠나게 되셨다는 소문만 남긴 채 사라지셨다.

국사란 나에겐 그저 지겹고 외우기 어려운 암기과목이었다. 그렇지만 여고에서 젊은 남자 선생님은 그 자체로 대환영이었고, 게다가 무지 너그러운 분이 담임이 되었으니 우리 반 모두에게는 정말 행운이었다. 한번은 전등불이 나간 교실 형광등을 갈러 선생님이 책상 위에 올라간 새에 선생님이 벗어 둔 오른쪽 신발을 몰래 숨겼다. 반 친구들 모두에게 아이스크림을 사주시면 신발 한 쪽을 돌려드리겠다며 받아먹은 아이스크림은 내 학창시절의 가장 즐거운 기억 중 하나이다. 하지만 그가 전해준 진실의 역사에는 일말의 관심도 없었고 국사과목에서 24점이라는 점수를 받았다. 뻔뻔하게 배시시 웃고 있던 나를 안타까운 표정으로 바라보던 선생님의 얼굴이 문득 떠오른다. 그 표정이 이제서야 나에게 쓰리게 아련한 그리움으로 다가온다.

나는 정치와 역사에 관심이 없었다. 아니 관심은 컸었지만 그것을 끊었다고 하는 게 맞을 것이다. 초등학교 6학년 때까지만 해도 매일 아침 집으로 배달되던 신문을 처음부터 끝까지 정독을 할 정도였으니까. 그런데 그 시절에 매일 보도되는 아픈 죽음들, 억울한 일들을 보게 되었다. 아무리 어린 맘이라 해도 말도 안 되는 세상이라는 생각이 들던 어느 날, 순간적으로 세상사에 대해 눈을 감아버렸다. 그 이후로 책이나 뉴스 보기를 끊었고 그냥 내가 사는 일상 자체에만 충실했다. 맛난 음식과 친구들과의 재잘거림, 여행, 가족, 직장, 육아, 그저 기본적인 생활만 꾸리기에도 얼마나 바쁘고 즐거운 세상인가 말이다.

스승은 배울 준비가 된 이에게 나타난다는 파커 파머Parker J. Palmer의 말처럼 이전까지 난 스승을 만날 준비가 되어 있지 않았나 보다. 역사가 나의 삶과 얼마나 밀접하게 연관이 되어 있는지, 암기과목이 아닌 삶의 과목이라는 것을 이제야 알게 되었으니 말이다. 내가 첫 스승으로 여기는 신부님께서는 예수님 이외에 참 스승은 없다 하셨지만, 나에게는 어느 순간부터 곳곳에서 많은 사람들이 예수님의 모습으로 나타나 그 순간순간의 스승이 되었다. 배움의 현장에 교사로 섰던 스승뿐만 아니라 마을버스를 타고 집에 가는 도중에 아주머니들끼리 나누는 수다 속에서도 스승을 만났다.

새로운 스승들과 매일의 배움 속에서 나의 생각도 조금씩 자라나 다시 주위를 들여다 볼 틈이 움터났다. 그렇게 내 삶의 지평은 나와 내 가족의 틀을 벗어나 옆의 이웃과 조금 더 멀리 있는 세계로 눈을 돌릴 수 있을 만큼 자라고 있었다. 세상보다 그를 바랐더니, 그가 보여주는 세상이 내게로 다가왔다. 내가 스스로 보기 시작했다면 미처 보지 못했을 다른 관점으로, 턱없이 부족하지만 그분의 시선을 깨달을 수 있었다. 가장 미천한 곳에 가장 작은이로 오신 그분! 그렇게 오신 이유는, 우리가 가장 어둡고 힘든 곳에 그분의 모습으로 온 사람들을 미리 살펴야 함을 끊임없이 말씀하시고자 한 것이다. 그렇게 나는 세상에 대해 감았던 눈을 다시 뜨게 되었다.

국제평화학, 그가 바라보게 한 세상

그 즈음, 이냐시오 성인의 거룩한 독서에 대해 배우며 스스로 연습해 보기 시작했다. 매일 새벽에 일어나 성경을 쓰고 묵상하는 데 조금씩 익숙해지던 어느 날, 당시 네팔에 있는 한 아이에게 후원금을 보내고 있던 나에게 들려온 뚜렷한 목소리가 있었다. '너는 더 멀리 있는 아이에게도 사랑을 주면서 왜 너의 형제, 북녘 땅에 있는 더 가까이에 있는 아이를 보지 못하느냐.' 그 목소리는 꾸짖음도 질책도 아니었고, 급속한 흐느낌의 눈물이 솟구칠 수밖에 없는 애원이었다. 그렇게 북녘에 있는 아이들에 대한 마음이 처음으로 내게 들어왔다.

아이들의 교육과 인권 상황에 관심이 컸던 나는, 대학 진학에 모든 에너지를 몰두하도록 강요된 형태의 교육을 견뎌야하는 우리 아이들을 보며 마음이 아팠다. 누구를 위한 교육인지 끊임없이 일어나는 질문을 스스로에게 던지곤 했다. 그런데 북녘의 아이들이 보이기 시작하면서 과잉 공급의 폭력에 시달리는 우리 아이들이 북녘에 있는 아이들과 각각의 장단점과 불균형을 나누면 서로에게 행복한 시너지가 될 수 있으리라는 희망을 품게 되었다.

전반적인 교육 체제와 가톨릭 안에서의 교육에 대한 고민으로 연구를 시작했다. 그리고 존 헨리 뉴먼John Henry Newman의 '대학의 이념'과 인문교육에 대한 교육사상을 연구하던 중, 국내에 없는 자료를 조사하다가 보게 된 아일랜드의 한 학교 홈페이지가 나를 또 다른 영역으로 연결시켰다. 아일랜드 더블린에 대학을 설립한 뉴먼 경의 생애 연구를 위해 더블린 대학교의 홈페이지들을 조사하면서 보게 된 '국제평화학International Peace Studies'이라는 학문, 그안에 담긴 'Peace,' 평화라는 단어 하나가 성전에서 내 맘을 온통 사로잡았던 광고지가 그랬던 것처럼 나를 다시 강하게 끌어당겼다.

나에게 '국제'와 '평화'라는 단어는 미인대회에 나온 당선지들이 꿈이 뭐냐고 묻는 질문에 '세계평화'라고 답을 하는 것처럼 마냥 뜬구름 잡는 이야기 같았다. 어쩌면 그녀들에게는 뭔가 특별한 지향이나 목적과 도구가 있었을 텐데, 그저 바라보던 내가 했던 어리석은 생각은 진정성에 대한 의구심뿐이었다. 그런 내가 '국제평화학'을 공부한다고, 뜬구름 잡듯 학문에 담긴 '평화'라는 한 단어에 사로잡혀 먼 길을 기꺼이 떠나기로 작정한 것이다. 그렇게 나는 짐을 꾸렸다.

아일랜드, 좌충우돌 행복하게

처음 도착한 나라, 아일랜드의 수도, 더블린. 네 명의 노벨문학상 수상자와 많은 유명작가를 배출한 더블린은 청명한 하늘과 천혜의 자연이 정말 아름답다. 특히 정서가 우리나라 사람들과 비슷하다고 느껴 아일랜드 음악에 심취한 한국 사람들도 꽤 많다. 그러나 난 여행을 가거나 음악에 심취할 시간적인 여유도 금전적인 여유도 전혀 없었다. 매일 학교와 집을 오가면서 익숙하지 않은 영어로 된 과제를 해내기에도 역부족이었다. 더구나 나는 삶을 면밀하게 계획하고 준비하는 사람이 아니다. 살아가는 내내 있었던 일이지만, 타국에 가서 닥친 일들을 마주하면서 나의 터무니없는 허당 기질을 곳곳에서 발견하곤 했다. 스스로 웃어재끼며 넘어간 일들도 많지만 위험천만한 순간을 비껴간 일들도 허다하다.

학교 오리엔테이션에 간 첫 날, 동양인 특히 한국인이 드문 학교에서 만난 현지인 친구가 어떻게 아일랜드에 특히 이 학교에 왔냐고 물었다. 나는 자랑스럽게 이 학교를 설립한 초대 총장의 교육사상에 대한 연구를 하다가 관심을 갖게 되어 왔다고 말했다. 갑자기 이상한 표정을 짓던 친구는 이 학교는 영국의 엘리자베스 여왕이 설립한 거란다. 순간, 나의 황당한 표정을 잠시 들여다보던 그 친구는 너털웃음을 지으며 여기가 더 좋은 곳이니 잘 왔다고 반긴다.

그렇게 잘못 왔다는 것을 발견한 순간부터 정말 잘 왔다는 것을 끊임없이 깨달았다. 아름다운 교정에서 전 세계에서 온 좋은 친구들

거리에서 들어오면 정면으로 보이는 캠퍼스 모습. 비가 많다지만 마음 탓인지
내맘에 남아 있는 날들은 따사롭고 눈부신 햇살의 기억이 더 진하다.

을 만났고, 권위라고는 털 끝 만큼도 내세우지 않는 교수들을 보며 참 평화가 무엇인지 학문뿐만 아니라 삶 속에서 직접 겪으며 배우게 되었다. 평화를 공부하면서 사전적 의미의 평화가 얼마나 터무니없는 것인지, 그 갈등과 과정의 평화를 더 깊이 고민할 수 있었다. 우리나라 안에서 당연하게 바라봤던 대한민국, 한반도와 국가관, 민족주의, 그리고 내게 주입되던 교육의 틀에서 벗어나 그 안의 오류들과 세계인들의 객관적인 시각을 보며 나의 사상을 재정립할 수 있는 귀중한 기회를 갖게 되었다. 때론 수업 중 발표하며 NOT을 빼먹어 부정문을 긍정문으로 전달해 내 의견과 반대로 말했던 경험, 그때 이상한 눈초리들에 오싹한 순간도 있었지만 실수투성이면서도 배운 것들을 하나하나 체득하려고 노력했다.

졸업을 앞둔 즈음, 기도와 묵상 중에 들어온 북한 아이들에 대한 마음을 이어 북한아동인권에 대한 논문을 썼다. 영어로 생각을 표현하느라 애는 썼지만 그리 논문을 잘 쓰지도 못한 것 같고 더구나 지금 생각나는 것은 거의 없다. 그러나 논문 초록에 썼던 해님과 바람에 대한 이솝우화, 그와 연관된 햇볕정책을 말하며 내가 느낀 것이 무엇인지는 확실하다. 따스함과 나눔에 대한 것, 누구에게나 나눌 무언가가 있고 누구나 모자란 점이 있다는 것을 인정하는 것, 따스한 사랑만 있다면 무엇인가를 내어줄 때에 자칫 가질 수 있는 오만함과 받을 때의 비루함을 떳떳하게 떨쳐버릴 수 있음을 말이다.

더블린은 무지개가 자주 뜬다.
그것도 쌍무지개까지 뜬다.
비가 자주 오기 때문이리라.

비가 내린 후에만
찬란한 무지개를 볼 수 있다.

평화도 그렇게
갈등을 쏟아내고 난 후에
찾아오나 보다.

'평화살이,' 하루살이가 하루를 살 듯

나에게 다른 차원의 평화를 가르쳐준 더블린, 평화에 대한 열정을 품고 지구 곳곳에서 온 친구들, 그리고 더블린 사람들과의 좋은 추억을 뒤로 하고 다시 길을 떠나게 되었다. 기회가 이어져 제네바에 있는 유엔인권최고대표사무소에서 인턴근무를 하게 된 것이다. 더블린 친구들과 작별하던 날, 내 가장 친한 친구가 내 모습을 보며 한 말이 떠오른다, "Go with the flow." 자연스런 흐름에 따라간다는 그 말처럼, 내가 그를 진정으로 만난 순간부터 내 삶의 여정은 나를 끌어주시는 그분을 따라 흘러간다.

로마 교황청 바티칸시국(Holy See)과 팔레스타인의 깃발이 동시에 게양된 날, 제네바 유엔 유럽본부에서 휘날리는 국기는 비로소 193개에서 195개로 늘었다. 바티칸시국과 팔레스타인이 같은 날 동시에 국기를 첫 게양하는 행사를 진행한 의미 있는 날이다.

그렇다고 그 흐름이 무작정 순조롭지만은 않다. 나 자체의 어리석음과 얼렁뚱땅한 성격 덕에 제네바로 출발할 때부터 여권이 없어졌다며 허둥거리고, 살 집을 구하는 데도 사기를 당할 뻔했다. 그러나 그때마다 짐작지도 못한 곳에서 슈퍼히어로처럼 나를 위기에서 구출해 내는 사람들이 등장한다. 제네바라는 국제도시의 삶, 그리고 유엔이라는 큰 틀 안에서 수많은 국제회의를 지원하며 여러 배움을 얻는 동시에 매력적인 기회들도 접했다. 그러나 실생활에서 체감하는 나의 상황 덕분에 화려함과 환상 속에 매몰되지 않고 모순을 볼 수 있는 더 귀한 시선을 얻었다.

내가 6개월간 가장 오랜 시간을 보낸 대회의장, Room XX 전경이다. 이곳에서 전 세계의 인권상황을 다루는 최고회의인 유엔인권이사회(Human Rights Council)를 비롯해 각국의 인권을 주기적으로 보고, 검토하는 국가별정례인권검토(Universal Periodic Review)등의 주요회의가 진행된다. 시민사회부문 인턴으로 근무하던 당시, 세계 각국의 시민단체와 국가인권위원회가 회의에 의견을 반영하고 발언할 수 있도록 돕는 역할을 했다. 무엇보다 사진에 보이는 아름다운 천장 장식은 스페인 예술가의 작품이다. 정말 아름답다. 나도 예술을 사랑하지만, 그 액수만 자그마치 250여 억원이다. 국제기구에서 볼 수 있는 아이러니, 그 중 작은 일부분일 뿐이다.

우리의 평화는 세계와 나의 조국, 내가 사는 마을, 그리고 가족과 친구, 내 스스로에게 이르기까지 모든 면이 촘촘하게 면밀히 연결되어 있다. 그 하나라도 무시하는 순간, 작은 틈새가 점점 벌어져 깨어지게 된다. 나는 지금 다시 돌아온 서울 동네에서 평화의 빈틈을 바라본다. 가까이 있는 이웃과 아이들 안에 존재하는 소외, 그 안에서 평화를 살아가며 같이 배워가려고 노력중이다.

요즘, 나는 '평화살이'중이다. 하루살이처럼 하루를 살더라도 '평화의, 평화에 의한, 평화를 위한' 삶을 하루하루 충실히 살아가리라 다짐한다. 고통도, 나의 어긋남도, 유혹도 항상 다가오겠지만, 그 무덤 안에서 나와 매 순간마다 부활하려 애쓰며 안간 힘을 다해 하나씩 하나씩 이루어 가는 과정이 평화가 아닐까. 큰 평화를 이루기 위해 작은 평화를 무시하지 않기로, 평화를 가르치고 말하면서 평화를 행하지 않는 부조화를 떨쳐내기로, 하루만 살고 이 삶을 마무리하더라도 최선을 다해 통합된 나를 실현해 내려는 하루살이처럼 평화를 살아내기를 기도한다. 내 삶을 뒤집은 평화는 이렇게 나의 소명이 되었다.

나의 계획은 줄곧 무너졌지만 그분 안에서 시작한 것들은 예상치도 못한 곳곳에서 놀라운 이끄심과 도움을 만난다. 하느님을 궁금해하면서 시작된 나의 새로운 시작, 그 여정에서 받은 수없이 많은 도움과 은총을 어떻게 갚을까를 고민한다. 나는 모든 면에서 부족하고 가진 것도 적기 때문에 내가 충분히 되돌려 드릴 수 있는 것은 없다. 그저 감사할 뿐이다. 그리고 되갚을 수 없는 것을 갚으려 노력하기보다 내가 거저 받은 만큼 거저 나눌 수 있기를 바란다. 그것이 빵 한 조각이든, 한 순간의 함께 함이든, 나의 생각 한 조각이든, 그로부터 시작 함에 족하리라. 그렇게 작게 나에게, 너에게 평화를 속삭이리라.

집 근처 초등학교,
평화에 관련된 책을 읽어주는 봉사를 했다.

일 년간 꾸준한 만남과 함께 변화한 아이들,
마지막 수업 날,
아이들이 손수 쓴 편지를 한아름 받아 안고
집에 와서 읽으며 펑펑 울었다.

내내 무관심한 표정이던 그 아이는
다른 아이들보다 몇 배로 긴 편지를 썼다.
"선생님, 친구들의 이야기를 들어 주셔서
감사합니다."

그 한 마디가 맘을 울린다.
어른인 우리가 얼마나 듣지 않았으면,
그 현실이 안타깝고 쓰리다.

한 마디도 않던 아이가
본인의 이야기도 아닌
친구들의 말을 들어 줌에 감사하다니…

한껏 마음을 열어 줌에
내가 더 고맙다.

손서정 베아트릭스

내 삶에 들어온 평화를 꼬옥 부여잡고, 교육과 접목하며 계속 탐구하고 있다. 아마도 내게 평화란 끊임없이 배워가며 나누는 과정인 듯하다. 개인적인 글이라 마지막까지 고민하다 용기를 내었다. 혹시라도 평화가 무너져 힘겨운 분께 바로 지금이 참 평화의 시작일 수도 있다고 속삭여질까 싶어서...

2단

평화의 공간, 경계, 사람들

3. 교실 속 평화 가꾸기

김예슬

오늘 저희에게 일용할 양식을 주시고

하아, 오늘 하루는 또 어떨까?

학교로 향하는 발걸음에는 설렘과 걱정이 오묘하게 같이 묻어나며 리듬을 이룬다. 과거엔 학생으로 지금은 학생들을 가르치는 교사로 25년째 학교를 다니는 중이지만, 등굣길은 늘 새롭다.

심적인 측면에서 교사로서의 등굣길이 학생 때와 가장 달라진 것을 꼽자면, 더욱 즐겁다는 것이다. 나는 아침마다 우리 아이들과 만나는 것이 즐겁다. 다정하게 인사하며 하루를 시작하고, 아이들이 서로 어울리며 생활하는 것을 함께 느낄 수 있다는 것이 즐겁다. 나의 지식과 경험을 아이들과 소통할 수 있고 이들과 한 공동체를 꾸려나가는 것이 보람차다. 앞으로도 몇십 년을 계속 다녀야 할 길임을 생각하면

오늘 하루도 무사하게 지나가길 바라며 주님의 기도와 함께 시작되는 시끌벅적한 아침

정말 다행인 부분이다.

하지만, 그 즐거움 속에는 학생 때는 전혀 느낄 수 없었던 막중한 책임감이 함께한다. 오늘 하루도 교실에서 큰 사고 나지 않고, 서로가 도우며 즐겁게 하루를 시작하고 마무리하길… 무탈하게 하루가 지나가길 바라는 이 마음은 자연스레 주기도문을 되뇌게 한다. 미사 때에는 영혼 없이 자동응답기처럼 나올 때가 많은 주기도문이지만, 오히려 출근길에는 한 구절 한 구절을 되새기며 마음을 가득 담아 기도하게 된다. 그리고 그 크고 영광스러운 메시지에 문득 문득 놀라곤 한다. 복도에서부터 서서히 울려 퍼지는 아이들의 재잘거리는 소리가 교실 문을 여는 순간 음량이 고조되어 나를 감싼다. 가슴 속에서는 이 구절이 울려 퍼진다.

오늘 저희에게 일용할 양식을 주시고

그리고 곧, 빠르게 변형되어 속사포처럼 읊어진다.

오늘 아이들이 수업에 집중하여 재밌게 참여할 수 있게 하시고,
서로 싸우지 않고 사이좋게 어울리게 하시고,
급식에 맛있는 음식이 풍족하게 나와 모두가 배부르게 하시고,
체육 시간에 서로 공정하게 경쟁하며 다치거나 아픈 곳 없게 하시고,
청소 시간에 장난은 적당히 치며 자기 맡은 구역
깔끔하게 정리하게 하시고,
안전하게 하교하게 하시며, 하교 後 부모님들께
특별한 연락 없게 하소서.

교사의 처지와 교실의 현실이 그대로 투영된 현실판 '교실버전 주기도문'이 빠르게 완성된다. 오늘 하루도 주님께 우리 반에 일용할 양식을 풍족하게 주시도록 기도하며 시작하는 아침이다. 교실버전 주기도문. 이것이 내가 개인적으로 바라는 평화로운 우리 반의 모습이다.

주기도문 〈출처〉 대구대교구 청년국 김루미나 수녀 글

저희에게 잘못한 이를 저희가 용서하오니
저희 죄를 용서하시고

교실에서 벌어지는 학생-학생, 교사-학생 사이의 크고 작은 갈등과 이를 해결하기 위한 노력들

진심을 담아 주기도문을 바치며 시작한 하루지만, 역시나 한 시간이 채 지나기도 전에 크고 작은 갈등들이 속속히 발생하기 시작한다. 내가 도착하는 순간, 일찍 온 여학생들이 상냥하게 인사하며 내 책상 주변으로 하나 둘씩 쪼르르 모여든다. 그리고는 검사가 끝나 차곡차곡 쌓여있는 독서록과 일기장에 시선을 고정시킨다. 이쁜이들은 검사 끝난 과제물이며 다른 반으로 전달해야 할 안내장, 물건 등을 서로가 먼저 더 많이 심부름하기 위해 아침부터 귀여운 신경전을 벌이곤 한다. 물론, 저학년 담임일 때의 이야기다. 고학년 담임 때는 슬프게도 이야기가 반대로 흘러갈 때가 많다.

반면, 주로 놀기 위해 일찍 온 남학생들은 어제 새로 산 게임 아이템(딱지, 팽이, 카드 등)을 자랑하며 교실 뒤편에 자리를 잡는다. 여기서는 좀 더 본격적인 신경전이 시작된다. 아침 일찍 학교에 오는 노력까지 들여가며 하게 된 놀이지만, 얼마 지나지 않아 '내 차례다, 네 차례다, 속임수 썼다, 치사한 방법으로 했으니 다시 해라.' 크고 작은 언쟁이 곳곳에서 터져 나온다. 중재를 해주는 친구가 있어 원활하게 갈등이 해결되거나 서로가 스스로 조금씩 양보하여 별 탈 없이 넘어가는 경우도 있지만, 누구 한 명이 판을 깨고 나오거나, 나에게 도움을 요청하러 오면서(혼내달라고 이르러 올 때가 더 많긴 하다.) 상황이 일단락 될 때도 많다.

수업이 시작하고 나서는 갈등의 양상이 더욱 광범위해진다. 서로 다른 아이들과 선생님이 모여 함께 생활하는 와중에 생기는 아수 자연스러운 현상이다. 서로 먼저 더 많이 발표하려는 욕심에서 시작된 작은 실랑이부터 사회 문제에 대한 치열한 찬반 토론, 폭력이 오고가는 심각한 갈등에 이르기까지 여러 문제 상황들이 끊임없이 생긴다. 교사는 그 안에서 주로 중재자로서의 역할을 맡지만, 한 발 물러서서 아이들이 스스로 갈등 상황을 해결하도록 지켜보는 단순 관찰자가 되기도 하고, 갈등의 소용돌이 중심에 선 당사자가 되기도 한다.

갈등은 정말 예고 없이 나타나고, 그 파장을 예측하기 힘들다. 모둠활동과 같이 역할을 나누고 협력해서 과제를 수행해야 할 때, 아이들은 많이 부딪히게 된다. 서로 하고 싶은 역할이 다르거나 없어서, 상대방의 이야기에 귀 기울이지 않고 자기 이야기만 하느라, 활동을 수행하는 시간 차이 때문에, 준비가 덜 되어서… 여러 이유로 문제가 생기다 보니 모둠활동은 환

모둠활동 하는 아이들

아이들과 함께 완성한 학급게시판. 작가는 아이들이고 나는 설치만 하였다. 중앙의 '더불어 함께 하는' 문구는 학년과 상관없이 항상 담임하고 있는 반에서 쓰는 우리 반 급훈이다.

영받지 못할 때가 많다. 그럼에도 불구하고, 가장 효과적이고 효율적인 소통의 장이자 공동체 활동인 모둠활동을 일부러 더욱 많이 하고자 한다.

결과물이 좋지 않거나 과정이 순탄치 않으면 남 탓을 하기 시작하면서 여기저기 짜증과 불만이 터져 나온다. 상황이 중재되지 않거나 누군가 폭발하면, 비속어가 오가기 시작하고 서로 때리고 물건을 던지며 폭력이 난무한 상황으로까지 심각해지기도 한다. 이럴 때 자칫하면 아이들을 중재하다 교사-학생간의 갈등으로 번질 때도 있다.

저희에게 잘못한 이를 저희가 용서하오니, 저희 죄를 용서하시고

이 구절은 머릿속에서 잊힌 지 오래다.

구절이 다시 떠오르기까지, 평화가 찾아오기까지는 어느 정도의 시간이 흘러야 한다. '시간이 약'이라는 속담이 동서양을 막론하고 괜히 있는 게 아니더라. 시간이 지나면 미움과 분노로 가득했던 마음이 살며시 가라앉고, 상대방의 이야기에 조금씩 귀를 기울이게 된다. 이성적으로 문제 상황을 다시 살펴보고 자신을 돌아보게 되면서 나의 잘못 또한 깨닫게 된다. 너그러워진 마음은 상대를 이해하고 용서하게 되고 더 깊이 성찰하게 된다. 바람직한 갈등 해결 과정의 모습이다.

하지만, 안타깝게도 학교에서는 개별적인 시간을 충분히 가지기 어렵다. 갈등 당사자들 외에 다른 많은 이들과 어울려 다양한 활동들이 진행되는 수업이 연속으로 있으며, 쉬는 시간과 점심시간은 짧기만 하다. 다행히도 휘몰아치는 활동 안에서 격앙된 마음이 누그러지고, 새로운 활동을 하며 주위가 환기되면서 자연스럽게 갈등이 해결되기도 한다.

교사의 도움이 필요한 아이들에게는 쪽지를 주고 쉬는 시간 틈틈이 갈등 상황을 되돌아보며 생각을 정리해보도록 한다. 갈등 상황, 갈등이 일어난 이유, 나의 감정, 친구나 선생님께 하고 싶은 말을 적어보게 하고, 점심시간이나 청소시간을 이용해 1대1 상담을 한 후, 상대방과 대화의 시간을 가져보도록 하고 있다. 시간이 좀 흐른 뒤 마주한 아이들은 대부분 언제 그랬냐는 듯 멋쩍게 씩 웃으며 본인들의 행동을 부끄러워한다. 곧잘 자신의 잘못을 인정하고 상대에게 사과를 하고 받으며 관계를 회복해 나간다.

저희에게 잘못한 이를 저희가 용서하오니, 저희 죄를 용서하시고

드디어 다시 마음 속에 짠 나타나는 기도 구절이다. 서로 다른 사람들이 함께 하는 공동체 안에서 갈등이 일어나는 것을 당연하게 여기면, 나 자신과 상대에게 한결 너그러워지게 된다. 내가 갈등을 마주할 때, 그리고 갈등을 겪는 아이들에게 제일 먼저 상기해주는 부분이다. 다름을 인정하고, 잘못을 인정하고, 화해의 손을 먼저 내밀 줄 아는 것. 이것이 갈등을 마주하는 바람직한 자세가 아닐까 싶다. 그러면 갈등이 일어나도 이를 현명하게 해결해 나갈 수 있다. 갈등을 겪고 해결해 나가는 과정을 통해 함께 배워가며 교실 공동체는 더불어 성장할 수 있다. 이로써, 갈등은 존재하지만 교실은 평화로운 공간이 된다.

저희를 유혹에 빠지지 않게 하시고 악에서 구하소서. 아멘

평화로운 학교 공동체를 만들기 위한 여러 활동

다행히 우리 교실에서는 심각한 문제가 발생하는 경우보다 함께 협력해 멋진 활동과 결과물을 이끌어 내는 경우가 훨씬 많았다. 결과물은 좋지 않아도 서로의 탓을 하지 않고, 끝까지 최선을 다하는 아이들을 보면 감격스럽기까지 하다. 다른 생각을 가진 사람들이 함께 생활하다보면 생길 수밖에 없는 갈등이지만, 건강한 갈등은 공동체를 발전시키는 큰 자양분이 된다. 나와 타인을 소중히 여기는 데서 비롯된 서로 다름에 대한 인정, 상대방에 대한 배려, 자유로운 소통이 바탕이 되면 갈등은 건강해진다. 그리고 현명하게 해결될 수 있다. 평화로운 교실 공동체를 만들기 위해, 갈등이 발생하더라도 현명하게 해결할 수 있는 능력을 길러주기 위해, 아이들과 다양한 활동들을 시도해보고 있다.

토킹칩: 5가지 색깔로 각 30개씩 들어 있다

주기적인 프로그램으로 매주 월요일 아침 '토킹칩'을 사용한 단순하지만 재미난 활동이 있다. 각자 색깔이 다른 토킹칩을 다섯 개씩 갖고, 제시된 주제에 토킹칩을 한 개씩 내며 말하는 모둠활동이다.

토킹칩 하나 낼 때 하나만 말할 수 있고, 연속해서 말할 수 없으며, 친구가 토킹칩을 내며 말할 때에는 잘 듣고 같은 내용으로 반복해서 말할 수 없는 것이 규칙이다. 모든 구성원이 토킹칩을 사용해야 활동이 끝나고 다음 주제로 넘어갈 수 있다. 처음엔 동물, 한 글자 단어, 만화 등 단순 주제로 시작하다 지난주 학습한 내용, 주말에 있었던 일, 주말 사이 친구들 달라진 점 찾기 등으로 주제를 확대한다. 이 활동은 자신의 생활을 돌아보게 하고, 서로에게 관심을 가져보며 이를 표현해 볼 수 있는 기회를 갖게 한다. 주제가 단계적으로 높아짐에 따라 아이들은 확산적 사고를 하게 되고 더 길게 말하고 더 긴 말을 끝까지 듣는 연습을 하게 된다. 친구들의 다양한 의견을 들으며 서로의 의견을 존중하게 되고, 사고의 폭을 넓힐 수 있다. 토킹칩 활동은 아이들의 머리와 입을 콕콕 자극하여 다방면의 사고와 마음 구석구석이 성장하도록 도와주는 활동이다. 매일 월요일 아침 공식적으로 보장된 수다 활동에 아이들은 기쁘게, 그리고 적극적으로 참여하며 이야기 꽃을 피운다.

또 다른 주기적인 활동은 '즐거운 일기쓰기'이다. "에이, 이거 다 하는 활동이잖아? 숙제 아니야?"라고 생각할 수 있겠지만 조금 다르다. 나는 학창 시절 꼭 해야 하는 과제로, 힘들지만 선생님께서 달아주시는 댓글을 읽는 재미로 일기를 꾸역꾸역 열심히 썼다. 쓰기는 정말 정말 귀찮고 싫지만, 쓰고 나면 댓글을 읽거나 칭찬 도장 받는 재미가 있는 애증의 일기였다. 일기가 내 생각과 일상의 소중한 표현 공간으로 얼마나 중요하고 재밌는 활동인지는 성인이 되어서야 깨달았다. 그렇기에 숙제로서 억지로 쓰는 일기가 아니라, 나를 돌아보고 성장시키며 내 삶을 기억하는 공간으로 자발적이고 즐겁게 일기를 쓸 수 있도록 지도하고 있다. 학기 초 일기의 중요성에 대해 알려주고 일기 주제를 안내한다. 아이들이 일기를 쓰기 싫어하는 이유는 일기의 중요성과 필요성을 느끼지 못함과 동시에 반복되는 일상에서 쓸 내용이 없다고 생각하기 때문이다.

일기는 일주일에 3편 정도로 분량과 형식은 자유롭게 쓰도록 하고, 아이들이 흥미 있어 하고 생각해볼 만한 주제를 20개 이상 추려 안내한다. 쓸 거리가 없을 경우, 자유롭게 주제를 골라 써보게 하고 있다. 한 학기가 지나면 아이들에게 일기 주제를 공모하여 다음 학기 일기 주제로 안내한다. 흥미로운 일기가 있으면 아이에게 공개 의사

일기 주제를 붙여 놓은 맨 앞 장과 남북 통일 관련 주제로 쓴 일기

를 물어보고 읽어주거나 게시하기도 한다. 인기 있는 일기 주제는 교과 관련 활동으로 수업시간에 응용하여 넣는다. 고학년 담임일 때에는 하루 한 편씩 아이들이 돌아가며 학급에서 있었던 일을 학급 일기로 쓰게 하였다. 학급 일기는 아이들이 교실 공동체에 더욱 관심과 애착을 갖게 하는 역할을 한다. 매일 반복된다고 느끼는 평범한 학교생활을 친구들의 시각에서 바라보고, 글로 다시 읽어보며 특별하고 소중한 일상의 추억으로 간직할 수 있도록 말이다. 같이 쓴 학급 일기는 학년 말 학급 문집으로 한데 묶어 아이들에게 나눠주기도 하였다.

이렇게 활동하니 아이들이 일기쓰기를 무서워하거나 예전처럼 싫어하지 않게 되었다. 자신의 생각과 마음을 드러낸다는 것에 처음엔 부끄럽기도 부담스럽기도 했지만, 시간이 흐르며 점점 스스로에게 솔직하게 된다고 하였다. 편안한 마음으로 일기를 쓰다 보니 자기 생각을 정리해보고, 새로운 주제에 대해 색다른 관점으로 생각해보는 힘이 더욱 길러지게 된다고 하였다. 쑥쑥 커가는 아이들이기에 이 작은 활동은 생각하는 힘과 포용할 줄 아는 마음을 고무줄처럼 쭉쭉 늘어나게 한다. 일기장 한 권이 평화로운 공동체 의식을 더욱 강화시키고, 구성원 간의 관계를 따뜻하게 그리고 끈끈하게 맺어주고 있다. 우리 반에서 일기는 나 자신과 소통할 수 있게 할 뿐만 아니라 친구들과 선생님과도 소통할 수 있도록 매개체 역할을 톡톡히 하고 있다.

♬ 재미난 일기 주제 ♪

〈주변 사물과 사람〉

♪ 내 방 관찰 일기-책상과 서랍에 있는 물건 모두 찾아 쓰기

♪ 내 방 관찰 일기2-물건 분류해 적어보기

(쓰임새, 모양, 색, 사용 빈도 등을 기준으로)

♪ 내 방 관찰 일기3-잊고 있었던 소중한 물건 소개하기

♪ 엄마 or 아빠와 몸이 바뀌었다! 내가 우리 부모님이라면?

♪ 우리 반 친구들이 모두 동물로 변신- 누가 무슨 동물?

(친구들의 특징을 분석하고 어울리는 동물 찾기)

♪ 사소한 것까지 싹싹~ 내 짝꿍 장점 20가지 찾아주기

〈핫 이슈와 관련된 관점〉

♪ 남북통일이 된다면? 통일 찬반 의견

♪ 두 번의 쉬는 시간을 하나로 합쳐 중간놀이 시간 20분으로?

♪ 사교육에 대한 생각

♪ 관심 있는 기사 1편 보고 생각 적어보기

〈창의력 쑥쑥, 상상의 날개를 펴다〉

♪ 나는 ○○맨이다. 나에게 한 가지 초능력이 생겼다면

♪ 성인이 되면 하고 싶은 것 20가지

♪ 천만 원 상금 당첨! (조건: 다섯 분류로 나눠 쓰기)

♪ 20개 단어 이상 끝말잇기 (조건: 4글자 단어 넣기, 위인 이름 넣기)

이제껏 소개한 두 활동은 다른 학급에서도 큰 노력과 시간, 준비물을 들이지 않고 주기적이고 장기적으로 손쉽게 할 수 있는 활동이다. 특별한 이벤트성 활동도 의미가 있고 색다르겠지만, 1년을 함께 꾸려가는 공동체인 만큼 구성원 모두가 부담 없이 장기적으로 할 수 있는 활동이 평화로운 교실 공동체를 만드는 데 효과적일 것이다.

이 활동 외에도 모둠활동과 학급회의를 중히 여기며 실시한다. 수업 중 절반 이상의 활동이 모둠활동으로 이루어진다. 각자 역할을 나누고 서로 도와가며 과제를 실시하고 피드백을 해주는 모둠활동은 정말 중요한 학습 형태이다. 교실 안팎의 주제를 선정해 토의·토론을 하는 시간인 학급회의는 교실 속 직접민주주의를 실현한다. 아이들은 주체이고 적극적으로 참여하려고 한다. 학기 초반 회의 진행 방법과 규칙을 안내하고, 회의가 자리가 잡혀가는 것을 보며 교사의 개입을 점점 최소화시킨다. 이 밖에도 칭찬 우체통(다양한 칭찬 프로그램), 롤링페이퍼, 마니또, 씨앗·행복카드 활동, 1:1상담, 토의·토론 학생 동아리 등을 하고 있다. 물론, 나보다 훨씬 다양하고 다채로운 활동을 하며 아이들의 인성·지성·감성을 키워주시는 선생님들이 많이 계시다.

항상 활동하며 느끼는 것이지만, 아이들은 모두가 행복해지기를 원하고 서로서로 평화롭게 지내길 간절히 원한다. 그 마음은 가득하나 어떻게 표현해야 하는지 몰라서, 또는 서툴러서, 이기심이 앞서서 상황이 어긋나는 경우가 생기는 것이다. 그 부분만 교사가 잠깐 잡아주면 된다. 하늘 높이 떠다니는 여러 개의 연들이 서로 엉키지 않게 살짝 살짝만 줄을 잡아당기듯이 말이다. 아이들은 어른들보다 훨씬 더 유연하게 생각하고, 마음의 공간이 넓기 때문에 어른들의 우려와 다르게 스스로 알아서 잘한다. 덤으로 시간의 약효도 빠르게 듣는다. 아이들 틈바구니에서 같이 부딪히며 아이들을 통해 배우는 것이 많은 학교생활이다. 매일매일 좌충우돌하는 우리 반이지만 평화 가득한 교실 공동체를 만들기 위해 나와 아이들 모두가 끊임없이 노력하고 실천하고 있다. 노력하고 즐기는 날들이 쌓여 행복한 공동체, 성숙한 공동체가 되어가고 있다고 믿는다. 중요한 것은 이 마음을 잊지 않고 내일을 맞이하는 것이 아닐까.

저희를 유혹에 빠지지 않게 하시고 악에서 구하소서. 아멘.

오늘 하루를 마무리하는 일기장엔 주기도문을 적어보며 내일을 맞이할 준비를 해야겠다.

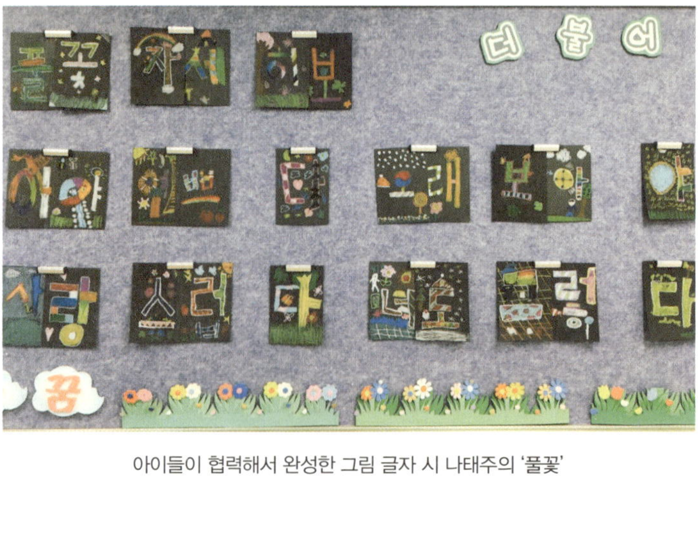

아이들이 협력해서 완성한 그림 글자 시 나태주의 '풀꽃'

김예슬 크리스티나

좌충우돌 학교에서 아이들과 함께 평화를 배우고 실천하고 있습니다. 이 글을 통해 아이들과 평화를 느끼고 만들어 가는 모습을 같이 나누고 싶습니다. 글을 읽으며 유년 시절 자신의 학교생활을 추억해 보고, 마음의 평화를 찾아보는 시간이 되었으면 합니다.

4 . DMZ에 부는 평화의 바람

박현우

'기억'과 '망각' 사이, DMZ에 멈춰 선 6·25전쟁

나는 생각한다. 고로 기억한다. 우리를 있게 한 오늘은 어제의 희생과 헌신에 있다는 사실을 그래서 내일의 꿈과 희망을 평화와 번영이라는 새로운 가치로 공유할 수 있다고 믿는다. 어쩌면 '망각'은 신이 우리에 준 선물일 수 있다. 개인이 감당하기에는 너무 버거운 아픔과 상처는 그저 잊고 지내라는 신의 작은 선물로 말이다. 하지만, 다른 한편으로 신은 우리에게 '기억'이라는 축복도 함께 선사했다. 되돌리고 싶지 않은 쓰라린 '기억'을 통해 다시는 같은 실수를 반복하지 말라는 신의 축복으로써 말이다. 그렇게 신은 우리에게 질문했고, 그 답을 찾는 과정이 오롯이 우리 각자에게 남겨졌다.

끝나지 않은 전쟁. 그리고 전쟁 발발 70년. '망각'과 '기억'이 교차한다. 누군가는 6·25전쟁이 그저 잊혀진 '망각'이 되어버렸다며 아쉬

철책선은 서로를 나누어 분리시키는 '구분짓기'의 표상이다. 상대방을 차단하기 위한 용도로 세워졌지만, 그 안에 살고 있는 사람들 역시 철책선 밖으로 나가고 싶어도 나갈 수 없는 스스로에 대한 구속과 속박이 되기도 한다. 그럼에도 불구하고, 평화의 바람은 정치적으로 나누어진 남과 북의 경계를 넘어 오늘도 쉬이 철책선을 오고간다.

움을 토로하고, 또 누군가는 전쟁의 비극이 이번 생애만큼은 다시 일어나지 않기를 바라는 마음에서 모두가 함께 '기억'하기를 바란다. 또 다른 누군가는 평화를 위해서라면, 전쟁의 상흔을 더 이상 '기억'하지 말고, 그저 '망각'하자고도 말한다. 전쟁에 대한 '기억'과 '망각' 사이에서 우리는 지금, 신의 어떤 선물을 선택해야할까?

이 땅에 사는 누구나 평화를 바라지만, 남과 북이 추구하는 평화의 개념이 일치하지 않고 서로 다르다보니 '한반도의 봄'이 오기보다 분단의 겨울이 깊고 차갑게만 느껴진다. 비록 불안한 평화일지라도 그저 깨지지 않고 유지될 수만 있다면, "참 다행이다."라는 짐짓 안도감이 들 정도이다. 1953년 7월 27일 정전협정 이래로 67년 동안 정전상태가 지속됐지만, 이는 전쟁의 종식을 가져오지는 못했다. 오히려 장기간 지속된 '분단의 평화적 유지 관리 상태'가 만에 하나 발생할 수도 있는 일방의 도발로 허물어지더라도 이상할 것 하나 없는 '비정상의 정상적 상황'과 마주하고 있다. 심지어 남북관계로 인한 지정학적 불안요인이 한국의 가치를 떨어뜨리는 '코리아 디스카운트'에도 내성이 생긴 지 오래다. 바꾸어 말하면 불안한 평화가 일상이 된 것이다.

평화를 갈망하는 내일의 기대와 희망 속에 전쟁상태를 종식하려는 부단한 노력이 지속되고 있다. 하지만, 아쉽게도 현실은 한 걸음도 나아가지 못한 채 제자리에 머물고 있는 실정이다. 사실상 핵무기 보유에 성공한 군사분계선 이북 지역의 '조선민주주의인민공화국'을 감안해 본다면, 어쩌면 한반도('조선반도') 평화는 진보가 아닌 퇴보했다는 느낌마저 든다. 일각에서는 장기간 지속된 정전상태를 정치적 선언인 '종전선언'으로 끊어내자고 주장했다. 정전협정의 면밀한 검토보다 비록 강제성은 없지만 종전선언이 가져다 줄 평화에 대한 상징성이 더 중요하다는 입장이었다. 이 같은 주장은 실제 남북, 미북 정상 간 일련의 만남들을 통해 힘을 얻는 듯 보였다. 잇따른 정상간 대화가 전쟁발발 가능성에 대한 우려를 평화에 대한 환상으로 바꾸어 주었고, 이는 곧 한반도 평화가 이미 이루어진 현실로 착각하게 만들었기 때문이다.

하지만, 문제의 본질은 하나도 건드리지 못했다. 북핵문제와 국제사회의 대북제재는 정상 간 만남에서도 돌파구를 찾지 못했다. 오히려 앞으로 별 문제없이 남북관계가 평화적으로 해결되리라는 근거 없는 기대감만 키워줬다. 그 결과, 평화에 대한 핑크빛 전망이 단순한 이상과 소망을 뛰어넘어 '끝나지 않은 선쟁'에 대한 객관적 사실마저도 잊혀지게 했다. 아니 오히려 그 모든 것을 평화로 착각하게 만들어 버렸다. 평화의 신기루가 한반도 곳곳에 널리 퍼진 것이다. 이는 개인적 바람의 문제에서 그치지 않고, 한반도 갈등의 잠재요소가 이미 사라져서 '종전'의 환상을 기정사실로 받아들이는 집단기억을 새롭게 형성시켰다.

금강산전망대에서 바라본 군사분계선 이북지역의 풍광은 손에 닿을 듯 가까이에 자리 잡고 있었다. 바다의 금강산으로 불리는 해금강은 동해와 어울어져 한 폭의 그림 같은 모습이었지만, 현장에 설치된 고성능 카메라로 암산을 자세히 살펴보면, 곳곳이 요새로 은폐, 엄폐되어 훼손되어 있었다.

여기서 발생할 수 있는 문제는 바로 미래를 냉철하게 내다보는 객관적 현실감각의 상실이다. 문제의 '진실'에 다가가기 위해서는 과거에 대한 맥락적 이해와 있었던 그대로의 역사적 사실들을 근거로 판단해야하지만, 미래에 대한 이상적 감상주의가 집단적 희망과 결부될 경우, 현재와 미래를 사실과 다르게 왜곡하는 문제가 발생한다.

오늘의 현실을 외면한 채 자신의 바람을 내일의 희망으로, 그리고 그것이 마치 실존하는 현실인 것처럼 믿는 사람들을 상대로 불편한 과거의 사실들과 본질적 해결방안을 거론하는 것은 결코 쉬운 일이 아니다. 여기에는 오직 진실만을 추구하겠다는 진리와 탐구의 자유정신을 믿고, 그 어떤 두려움과도 당당히 맞서 싸울 수 있는 진정한 용기가 필요하다. 이는 누구에게나 언제든지 미움 받을 수 있다는 말이기도 하다. 그래서 진실로 용기가 없다면, 평화를 향한 한 걸음은 누구나 쉽게 감당할 수 없는 어려운 일일 수밖에 없다.

DMZ에 멈춰 선 6·25전쟁. 시간이 흘러도 변하지 않는 '사실' 한 가지가 있다. 그것은 바로 우리가 얼마나 '진실'과 마주하고 있는가이다. "진리가 너희를 자유롭게 할 것이다."(요한 8, 32)라는 성경말씀처럼 '진리'에 가깝게 다가서려는 진실된 노력이 우리를 전쟁의 아픔과 상처에서 온전히 벗어나 새로운 평화와 번영이라는 치유의 새 길로 나아갈 수 있게 만드는 가장 강력한 힘이라고 나는 믿는다.

DMZ 국제 청년 평화순례,
불어라! 세계 평화의 바람(Wind of Peace)

‘기억’과 ‘망각’ 사이에서 진실로 ‘진리’에 다가가기 위한 소중한 동행에 함께 했다. 천주교 서울대교구 민족화해위원회(위원장 정세덕 신부)가 이탈리아, 몰타, 브라질, 멕시코, 라오스, 탄자니아, 인도 등 전 세계 16개국에서 참가한 56명의 청년들과 함께 6박 7일 동안 DMZ 일대를 함께 걸으며, 머리가 아닌 가슴으로 평화를 생각하는 〈DMZ 국제 청년 평화순례〉 “평화의 바람 Wind of Peace”에 자원봉사자로 동참한 것이다.

전 세계 16개국에서 참가한 청년들과 ‘평화의 바람’을 명동성당에서 시작했다. 비무장지대(DMZ)를 걷고 또 걸으면서 평화를 생각하고, 나누었던 울림의 순간들은 내 생애 가장 빛나는 순간들로서 앞으로도 영원히 잊을 수 없을 것이다.

우리 서로가 처음 본 사이였지만, 분쟁지역에서 살아왔다는 일치감 그리고 과거에 머물러 있기보다는 오늘을 사는 우리의 내일이 조금 더 평화로울 수 있기를 바라는 공통된 마음이 서로에게 온전히 전해지면서 조금씩 마음의 문을 열게 됐다. "Ut Unum Sint(하나 되게 하소서)."라는 기도처럼 우리는 '평화의 바람'을 통해 일치와 화해에 한 걸음씩 다가가고 있었다.

비록 살아왔던 배경, 사용하는 언어는 달랐지만, '진리'를 추구하고, '평화'를 바라는 마음만큼은 이미 모든 장벽들을 허물어뜨리기에 충분했다. 그렇게 평화를 바라는 '바람(wish)'은 우리 모두에게 평화의 '바람(wind)'이 되어 미래를 여는 바람개비로 불고 있었다.

'평화의 바람'은 머릿속에서만 막연히 이해하던 현실과 이상을 가슴 속 전율로 온전히 느끼게 해 주었다. 전 세계 청년들은 자유로운 소통을 통해 스스로 문제의식과 해결방안을 고민하게 됐고, 무엇보다 민족주의 관점에서 벗어날 수 있었다. 새로운 평화를 우리 손으로 함께 만들자는 전 세계 분쟁지역 청년들의 뜻과 의지가 모여 그렇게 전쟁이 잠시 멈춰선 DMZ에서 일치와 화해를 향한 아름다운 동행이 시작됐다.

가슴 설레는 마음으로 전쟁과 평화가 공존하는 DMZ 현장을 직접 방문했다. 뉴스나 책에서만 접하던, 그래서 어쩌면 나와 상관없는 다른 사람의 문제로 치부하던 막연한 평화가 DMZ 방문을 통해 '머리'가 아닌 '가슴'으로 오롯이 전해졌다. DMZ에서 잊고 지냈던 과거를 직접 보고 듣는 과정을 통해 전쟁과 평화가 지금 내 앞에 놓인 손에 잡히는 나의 문제로 인식되기 시작했다.

각국의 청년 참가자들은 프란치스코 교황께서 말씀하신 '평화'와 '생명'의 소중함을 전 세계로 전파하기 위해 "평화를 생각하고, 나누고, 걷고, 또 걷는다!"라는 슬로건으로 하나가 되어 1953년 7월 27일 '정전협정' 체결 이후 한반도 분단의 아픔을 간직한 DMZ를 그렇게 함께 걸었다. 특히 참가자들이 자국에서 겪고 있는 분열과 갈등에 대해 토론하며 세계 평화를 향한 공감대와 연대 의식을 형성할 수 있었다.

군사분계선 이북지역의 절경이 손에 닿을 듯 가까운 거리에 있는 민간인통제선 안 금강산전망대에서 평화를 염원했다. 전쟁과 평화가 공존하는 DMZ에서 우리 모두는 한반도 평화를 위한 한마음 한뜻으로 환한 웃음을 지을 수 있었다. 시원한 '평화의 바람'을 맞으면서 말이다.

그 과정을 통해 더 이상 머리로 이해하는 '평화'가 아니라 전 세계 청년 참가자들은 온전히 평화를 향유하고, 연대의식 속에서 사유하는 놀라운 체험을 할 수 있었다. 천주교 서울대교구 민족화해위원회 정세덕 위원장 신부의 말씀처럼 함께 하는 소중한 시간 속에서 '머리로 이해하는 평화'가 아닌 '가슴으로 느끼는 평화'로 조금씩 변화되어 감을 느낄 수 있었다.

비록 서로 언어는 달랐지만, 따뜻한 눈길로 서로의 손을 잡아주는 모습 속에서 진심을 느낄 수 있었다. 여전히 서투르고 부족했지만, 진심을 다하려는 배려 속에서 우리 스스로는 그렇게 조금씩 달라지고 있었다. 어쩌면 우리 한 사람 한 사람들이 느낀 작은 변화들이 모이고 모여 그 누구도 상상할 수 없는 새로운 기적을 만들어가고 있다는 자신감도 얻게 됐다. 함께 동행한 염수정 추기경의 말씀처럼 '평화의 바람'은 우리 모두에게 "아주 뜻깊은 순례"로 자리 잡으면서 각자의 마음속에 새로운 씨앗을 틔우기 시작했다.

30도가 넘는 무더운 날씨에 청년들은 DMZ의 생명을 간직한 한탄강에서 주한 교황대사 알프레드 슈에레브 대주교와 함께 래프팅을 하며 더위를 잊을 수 있었다. 넘어지고, 뒤집어지면서도 우리들의 웃음소리는 점점 더 커져만 갔다. 알프레드 슈에레브 대주교는 "평화를 향한 여정도 래프팅과 같다."면서 "처음에는 즐거워 보이지만, 그 과정에는 수많은 장애물이 있을 것"이라며 "그 장애물들은 함께 힘을 합칠 때 비로소 극복할 수 있다."고 전했다. 참으로 공감이 가는 말씀이었다. 래프팅을 시작하기 전 알프레드 슈에레브 대주교와 몸풀기 체조를 할 때만 해도 누구도 래프팅의 과정이 힘들 것이라고 예상하지 못했다. 아니 그저 구명조끼를 입은 채 뒤뚱뒤뚱거리는 서로의 모습을 보면서 함박웃음을 터트렸다. 본격적으로 래프팅이 시작되자 각자 위치한 자리에서 무엇을 해야 하는지를 자연스럽게 체득했고, 장애물을 만날 때마다 서로 격려해주고 응원해주는 모습 속에서 진정한 행복을 느낄 수 있었다. 누가 시킨 것도 아니었는데 목적지에 도착해야 한다는 공통의 목표가 생겼고, 그 목표를 달성하기 위한 여정 속에서 예상치 못한 문제들을 함께 해결하는 과정이 얼마나 즐거운 일인지를 체험한 것이다.

고성 통일전망대에는 평화의 모후이신 성모 마리아상이 북녘 땅을 바라보고 서 있다. 종교의 자유가 없는 그곳에 주님의 은총과 평화가 함께 하기를 바라는 마음에서 우리는 한마음 한뜻으로 간절히 기도했다.

"평화는 웃음에서부터 시작됩니다." 문득 평화에 대해 테레사 수녀가 전한 말씀이 떠오른다. 어쩌면 우리가 나눈 웃음들은 이미 우리 가슴속에서 사랑이 시작됐다는 행복한 증거가 아니었을까. 언젠가 우리가 다시 만날 때 오늘 우리의 웃음들이 각자의 가슴속에 작은 '평화의 바람'으로 성장하여 평화에 대한 용기있는 마음가짐을 실천했기를 소망한다. 어쩌면 함께 한 래프팅의 경험은 우리가 살아가는 동안 평화를 만들어가는 축복의 여정 속에서 소중한 보물이 되어 위기의 순간 큰 버팀목으로 영원히 살아 숨 쉬지 않을까. 그것은 알프레드 슈에레브 대사가 당부했던 "그리스도인으로서 평화를 이루기 위한 평화의 사도"로서 각자의 소명을 다 하는 길이기도 하다.

일치와 화해를 위한 체험활동뿐만 아니라 우리는 아침, 저녁으로 평화를 위한 기도도 함께 나누었다. 특히 저녁만찬이 있었던 날의 기도와 미사는 더 특별한 감동을 선사했다. 그날은 알프레드 슈에레브 대주교를 비롯한 서울대교구장 염수정 추기경, 서울대교구 민족화해 위원장 정세덕 신부, 순례에 동참한 멕시코, 브라질, 인도네이사 사제들이 공동으로 미사를 집전하여 청년들과 함께 평화의 기도를 나누었기 때문이다. 특히 미사는 영어, 라틴어, 한국어 등 여러 가지의 언어로 진행했지만, 미사의 형식이 서로 같아서 어색하거나 불편함을 느끼지는 못했다. 오히려 평화를 바라는 진심이 각자의 언어로 온전히 담겨져 있었기에 진정한 의미의 일치와 화해를 경험할 수 있었다. 염수정 추기경은 우리가 살아갈 시대는 "평화의 시대"라고 하면서 "마음과 마음의 교류를 통해 여기 모인 청년들이 세계를 변화시키는 힘이 되기를 바란다."는 메시지와 함께 우리 청년들을 축복했다.

프란치스코 교황께 보내는 평화의 편지, "우리의 평화"

〈2018 DMZ 국제 청년 평화순례〉에 참가한 '평화를 위한 젊은이들'은 대한민국 DMZ에서 경험했던 분단의 상흔들이 평화를 향한 새로운 희망의 씨앗으로 전 세계 분쟁지역에 퍼져지기를 바라는 마음에서 프란치스코 교황께 편지를 썼다. 우리 청년들은 "서로의 차이점을 이해하거나 배우지 않는다면, 결단코 평화를 이룰 수 없다."는 사실을 깨달았고, 그에 따라 우리 스스로가 '일상의 평화'를 '미래의 평화'로, '한반도의 평화'를 '전 세계의 평화'로 퍼뜨리겠다는 다짐들을 편지에 옮겨 적었다. 청년 참가자들의 염원들은 한홍순 전 주교황청 대사의 도움으로 교황청에 보낼 수 있는 형식을 갖추게 됐다. 또한 이탈리어로 작성한 편지글을 고영심 박사가 한글로 다시 번역하여 글의 완성도도 높일 수 있었다.

"그리스도는 우리의 평화 이십니다." (Ef 2,14)

사랑하는 교황님,

우리 "평화를 위한 젊은이들"은, 전 세계 여러 국가에서부터 모여서 지금 한반도에서 교황님께 편지를 쓰고 있습니다. 또한 남한과 북한 사이의 DMZ(비무장 지대)에서 세계 평화를 위한 청소년 순례에 참여했습니다.

7일간의 활동에서 서로의 문화와 예술, 스포츠 등 다양한 체험을 하며,

한 형제자매로서 '빵을 나누는' 매일 미사와 식사 시간도 같이 나누면서 진정한 평화와 아름다움을 느낄 수 있었습니다. 우리는 평화에 대해 얘기만 나누지 않고, 함께 하는 동안 서로에게 배우고 다른 사람들에게 도움을 주는 것이 더 큰 행복임을 느꼈습니다.

지금 우리는 한국에서, 아직도 사람들의 마음을 아프게 하고 있는 남과 북의 분열을 목격하고 아픔과 희망을 나눴습니다. 화해와 통일을 향한 열망은 점점 더 커지고 구체적이 됩니다. 이 열망은 저희 젊은이들도 마음에 지니고 살아갈 것입니다. 지금 우리의 마음과 영혼을 가득 채우는 평화를 향한 희망을 퍼뜨리고 우리 주변부터 '평화를 심도록'(『기뻐하고 즐거워하라』 Gaudete et Exsultate 89 참조) 할 것입니다.

우리는 서로의 다른 점부터 배우고 이해하며 살지 않으면 평화를 만들 수 없다는 걸 알게 됐습니다. 평화는 한 사람, 한 민족의 노력으로만 만들어질 수 없습니다. 평화는 하느님의 은혜와 모두의 연대에서 온다는 걸 알게 됐기에 요즘 남북한 민족과 세계의 많은 민족들의 대표들 사이의 생긴 연대로 우리는 "평화 운영자"가 되겠다는 의지와 결심을 키우고 있습니다. 지금 "평화"란 단어는 미소, 행복, 기쁨, 화해, 용서로 우리에게 어느 때보다 크고 깊은 의미를 갖게 해줍니다.

아시아부터 아프리카, 유럽, 라틴아메리카, 그리고 가톨릭뿐만 아니라 다른 종교의 젊은이들, 우리 모두가 남한과 북한 사이 DMZ에서 300km의 순례를 가능하게 해주신 교황님께 감사드리고 싶습니다. 항상 젊은이들을 향한 교황님의 모습과 신뢰에 힘입어 순례를 이끌었습니다. 우리 젊은이들은 미래의 평화뿐만이 아니라 우리의 일상에서부터 평화를 이루고 전 세계 모든 곳곳에 알리고 싶습니다.

우리가 같이 지낸 모든 날들의 열매를 교황님께 드리며 축복을 내려주시길 부탁드립니다. 우리는 이 순례가 한반도에서 시작해 전 세계로 퍼질 평화란 열매의 씨앗이었다고 생각합니다. 마지막으로 우리가 진정한 예수님의 제자와 평화 운반자가 될 수 있도록 평화의 여왕, 성모 마리아님께 기도합니다. 감사합니다.

- 교황님의 평화를 위한 젊은이들 올림

7일간의 DMZ 순례를 통해 우리 청년들은 가슴 속 깊이 화해와 일치를 향한 간절한 열망들을 키울 수 있었고, 앞으로도 미움과 영혼을 가득 채우는 '평화에 대한 희망들'을 우리 주변에서부터 시작하여 크게는 한반도 평화에 이르기까지 심어갈 수 있도록 프란치스코 교황의 축복을 기원했다.

"평화, 새로운 미래" 우리 정부의 슬로건처럼 전 세계 청년들이 염원했던 작은 평화의 바람이 새로운 미래를 향해 불 수 있기를 소망한다. 있는 그대로의 과거와 현재를 직시하면서도, 대한민국의 더 나은 내일을 위해 '정전체제'에서 '평화체제'로의 이행 사이에 놓여있는 DMZ에서 더 이상 전쟁의 상흔이 새겨지지 않기를 간절히 소망한다. 그것이야말로 DMZ에 멈추어 선 6·25전쟁이 우리 청년들에게 전하는 참된 진리가 아닐까.

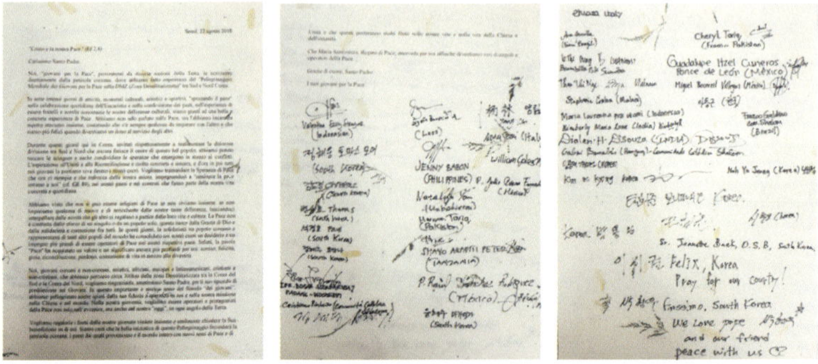

우리가 함께 쓴 편지가 교황청에 가게 된다고요? 에이 진짜요? 교황청에 가기만 하는 게 아니라 프란치스코 교황께서 직접 보시게 된다고요? 믿을 수 없는 사실에 놀라움을 느낄 겨를도 없이 우리는 한 명 한 명 편지글 하단에 자신의 이름과 평화에 대한 자신의 생각을 담아 편지를 작성했다.

'기억'과 '망각' 사이 DMZ에 부는 평화의 바람

솔직함이 용기와 만나야 비로소 우리가 마주한 현실들을 '있는 그대로' 받아들일 수 있다고 생각한다. 어쩌면 이는 불편한 진실에 눈 감고, 듣고 싶은 이야기에만 귀를 기울이는 '선택적 편향'을 가진 보통의 사람들을 적으로 돌리고, 그들과 정면으로 맞서야 하는 고독한 일이기도 하다. 어쩌면 그것은 학자로서 마땅히 지켜야 할 기본 소양이자 자질이면서도 무엇보다 신앙이 있는 가톨릭 신자라면 결단코 양보할 수 없는 양심의 문제라고 생각한다.

그럼에도 불구하고, 나는 믿는다. 과거를 있는 그대로 바라보고, 이를 '바람'이나 '소망'의 투영이 아닌 냉철한 현실로 받아들일 수 있을 때만이 진정한 평화의 바람이 불 것이라는 것. 또한 거짓된 사실과 잘못된 욕망에 사로잡힌 지식의 폐해는 비단 현재를 망가뜨릴 뿐만 아니라 다가올 미래까지도 함께 파멸의 길로 인도할 것이라는 두 가지 사실을 말이다. 결국, 현실을 있는 그대로 받아들이기 위해서는 학자로서, 또 신앙인으로서 진실로 많은 용기가 필요하다는 사실을 깨닫는다. 이는 현재와 미래에 대한 '낙관주의'를 '염세주의'나 '허무주의'로 보자는 것이 아니라 현실 판단에 왜곡을 가져올 수 있는 기대와 희망을 잠시 접어두고, 우리가 처한 현실들을 학자적 시각에서 보다 객관적으로 바라보면서 신앙적 양심에 따른 새로운 평화를 만들어 나가자는 것이다.

국제 청년 평화순례를 통해 우리 스스로를 되돌아보는 시간을 가지면서 전 세계 청년들과 함께 문명사적으로 한 걸음씩 더 다가오고 있는 새로운 '한국의 시대'를 느낄 수 있었다. 그러면서 오직 진실만을 추구하겠다는 진리와 탐구의 자유정신을 믿고, 누구에게나 언제든지 미움 받을 수 있다는 두려움과 당당히 맞서 싸우면서 과거와 현재를 새로운 내일로 돌파할 수 있기를 간절히 기도했다. '평화'는 단순히 전쟁이 없는 상태를 뛰어넘어 생명의 충만함을 포괄하는 하느님께서 모든 인간에게 주시는 가장 큰 선물 중 하나이자 축복의 결과라는 사실을 마음으로 느끼면서 말이다.

6·25전쟁 발발 70년, 정전협정 체결 67주년을 기념하여 얼마 전 서울 명동대성당에서 열린 6월 25일 한반도 평화 기원 미사에서 서울대교구장 염수정 추기경이 한반도와 국제사회의 모든 지도자들에게 당부한 강론 말씀이 떠오른다. 염 추기경은 "개인적, 당파적, 국가

적 이해관계를 과감히 극복해 한반도 남과 북 모든 이의 참된 선익을 실현함으로써 보편적 공동선과 참 평화를 이룰 수 있기를 바란다."고 당부했다. 전적으로 동감한다. 전 세계 청년들과 DMZ에서 느꼈던 '평화의 바람'이 내 가슴속에서 다시 이는 기분이었다. 어쩌면 우리가 바라는 평화의 바람은 각자의 이해관계를 과감히 벗어던져서 모든 이의 참된 선익을 실현하는 데에서 시작하고, 그 바람은 보편적 공동선과 참 평화로 불어가는 것은 아닐까. 진실로 우리 모두의 일치와 화해를 바라는 간절한 마음으로 언젠가 평화의 바람이 한반도 전체, 나아가 동북아시아와 전 세계 평화를 추동하는 놀라운 기적으로 우리 모두에게 불 수 있기를 소망한다.

머리로 이해하는 평화가 아닌 가슴으로 느끼는 평화는 서로의 차이를 인정하는 데에서부터 시작됐다. 각자 생각하는 평화의 모습과 형태는 달랐지만, 이 땅에서 더 이상의 전쟁의 참화를 막고 항구적 평화를 갈망하는 마음만큼은 일치를 이룰 수 있었다.

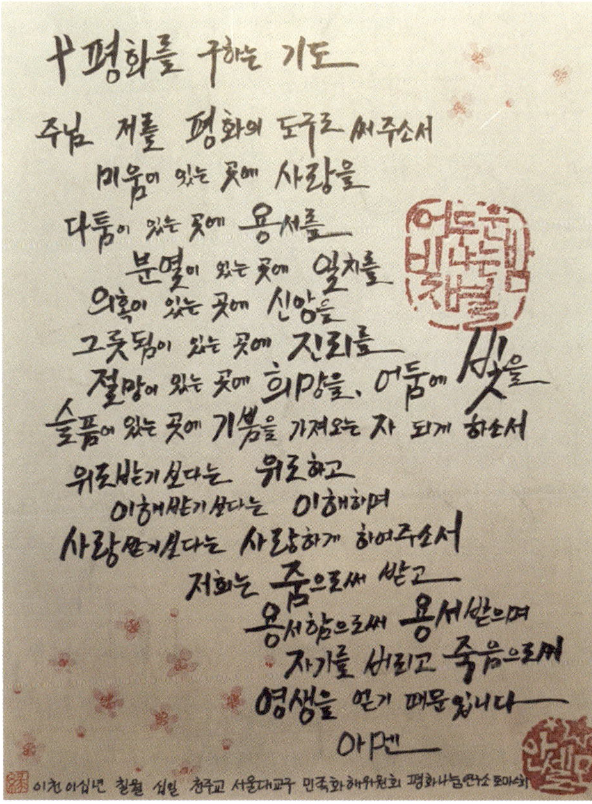

기억하는 한 살아있고, 기도하는 한 이루어진다고 믿는다. 평화를 구하는 기도를 통해 우리는 미움을 사랑으로, 다툼을 용서로, 분열을 일치로 만드는 기적을 소망한다. 평화는 멀리 있는 것이 아니라, 오롯이 우리 마음속에서부터 비롯되는 사랑이다.

박현우 안셀모

안중근 세례명인 '토마스'회 일원이자 최진우, 홍용표 소장의 '연정라인'으로 연세대 정치학 박사과정에 있다. 독립과 자유, 일치와 화해를 향한 가치 있는 전진을 꿈꾸며 역사, 통일문제에 관심이 있다. 남궁 곤 부소장이 지어준 "젊었을 때 정세덕 신부"라는 별명을 좋아한다.

5. 서울, 베를린 그리고 평양에서 만난 북한 청년들

이조영

서울에서 만난 북한 청년들

내가 합창단을 같이한 이 탈북청년들을 만난 것은 2015년 초였다. 그때 나는 은행에서 사회공헌을 담당하고 있었는데, '통일대박론' 등 통일에 대한 논의가 한참 유행하면서 많은 기업이 통일에 기여할 수 있는 방법을 찾고 있었고, 우리도 그 방법 중 하나로 남한에 입국한 북한 주민들이 잘 정착할 수 있도록 지원하는 사업을 추진하였다. 남북한 주민들이 서로 잘 이해하고 동질성을 회복하는 것이 통일을 앞당기는 것이라 생각했기 때문이었다.

그 시기에 우연히 독도에서 한반도 평화를 위한 합창을 한 탈북 청년들에 대한 기사를 보았다. 해당 언론사를 수소문하여 with-U라는 탈북청년 단체를 소개받고, 단체를 이끌고 있던 성림, 영철이 친구들을 만나게 되었다. 이 친구들의 단체이름 'with-U'의 'U'는 당신들과 함께 하고 싶다는 'you'의 의미도 있고, 통일Unification을 준비한다는 의미가 함께 있다는 것과, with-U는 우리사회의 통합과 남북통일을 위해 노래하는 탈북청년들의 모임이라는 얘기를 듣고 우리가 찾는 딱 맞는 모임이라 생각하였다.

이 친구들을 만났을 때 "우리 탈북청년들은 '홀로 섬' 독도와 정체성이 똑 닮았습니다. 독도가 지리적으로 한반도에서 멀리 떨어져 동해에 홀로 서 있는 것처럼 탈북자는 북한으로부터 '배신자'라 욕 먹고, 남한에선 적응을 못한다고 손가락질 받습니다. 하지만 독도는 남한사람, 북한사람 모두가 사랑하는 우리의 땅입니다. 독도와 마찬가지로 탈북청년들을 희망의 눈으로 바라보고 응원해 준다면 북한도 경험하고 남한도 경험한 우리 탈북청년들은 통일의 징검다리가 될 것입니다."라고 하였는데, 특히 '통일의 징검다리'가 되겠다는 말이 가슴 찡하게 와 닿았다.

하나통일원정대 합창 연습 - 매주 1~2회씩 만나 연습하며 친해졌다.

이렇게 만난 우리는 남북한 청년들이 조금이라도 더 가까워지도록 하는 일을 함께 해보기로 하였다. 그 방법의 하나로 2014년 독도에서 했던 합창을 발전시켜 또다른 의미를 갖는 곳에서 공연을 해보기로 하였다, 제2차 대전 이후 분단되었다가 우리보다 먼저 통일을 경험한 독일이 떠올랐다. '분단과 통일의 상징' 베를린 장벽을 찾아 독일 통일과정을 배우고, 당시의 기쁨과 감동을 느끼며, 전 세계에 남북통일과 평화에 대한 염원과 지지를 호소하는 합창을 하기로 하고, 합창단의 이름도 '하나된 조국을 위한 통일 원정대(하나통일원정대)'로 지었다.

합창단은 with-U가 주축이었지만, 남북하나재단을 통해 공모를 받고 오디션을 거쳐 더 많은 탈북 청년들을 선발하였다. 오디션은 노래실력보다는 끝까지 열심히 하려는 의지가 있는지 확인하는 면접이었는데 다양한 친구들이 왔다. 평양에서 학교 다닐 때 이미 기타를 연주했던 성미 등 음악을 아는 친구들도 있었지만, 철도 대학에 다니며 통일이 되면 열차 기관사가 되어 북한에 가고 싶다는 정국이, 남한에서 미용기술을 배우고 있는데 나중에 고향에 가서 고향후배들에게 미용기술을 가르쳐 주고 싶다는 소박한 꿈을 가진 진주, 엄마 재능을 이어받아 음악, 무용에 소질이 많은 윤서 등 다양하지만 모두 절실한 소망을 가진 친구들이었기에 오디션은 오히려 합창단을 잘 이끌어야 한다는 책임감을 느끼는 시간이 되었다.

그리고 원정대에는 탈북 청년뿐만 아니라, 은행의 젊은 직원도 포함하여 구성하였는데, 이렇게 구성된 탈북청년과 남한청년들은 5월

초부터 매주 한두 차례 모여서 합창을 연습하면서 팀워크를 다졌다. 음악 전공자들이 아니고 처음 합창을 해보는 친구들이 대부분이었기에 합창연습이 그리 만만하지는 않았다. 더구나 서로 처음 보는 사람들이 절반을 넘었기에 서로 친해지고 알아가는 것이 더 중요하였다. 처음 한동안은 서로 서먹함을 없애고 친해지는 시간이 많이 필요했다. 그래서 연습도 중요했지만 조금 일찍 끝내고 술자리도 자주 가졌고, 주말에도 시간이 되면 함께 봉사활동을 나가보기도 하면서 자연스럽게 그 친구들의 그동안의 삶과 고충에 대하여 알려고 노력하였다.

어린 동생을 업고 추운 두만강을 건너온 영철이, 평양에서 최고 학부를 나왔지만, 탈북 이후 중국에서 신분을 숨기고 이곳 저곳을 전전하다 입국한 성림이, 북에 있을 때 자기 몸보다 훨씬 크고 무거운 자전거로 짐을 싣고 다니며 장사했던 채연이 그리고 북한도 부모님들의 교육열이 높아 어려서부터 혼나가며 공부했다는 이야기 등등... 그러면서 가까워졌고, 서로 자세히 알게 되면 될수록 다들 우리와 똑같다는 생각이 들었다. 태어나서 자라는 동안 너무 다른 체제에서 성장했기에 남한 사회가 다소 낯설기는 하지만, 휴대폰에 각종 장식을 붙이고, 요즘 유행이 뭔지 서로 물어보고 따라하는 것을 보면서 젊은 친구들이라 쉽게 익숙해지는구나 하는 것도 느꼈다. 그렇게 서로 이해하며 연습을 해나가다 보니 우리 직원과 청년들은 물론 합창을 지도하는 지휘자, 스태프 등 모든 분들이 형, 누나, 동생이 되어 버렸다.

오늘의 베를린에서 내일의 평양을 보다

그렇게 서로를 알아가며 합창을 연습한 우리는 드디어 2016년 7월 23일 "오늘의 베를린에서 내일의 평양을 보자"는 슬로건으로 우리들의 통일 염원을 알리는 합창을 위해 베를린으로 출발하였다. 설레는 마음을 안고 공항에 모였지만, 출발이 5시간 이상 지연되면서 환승 예정이었던 프랑크푸르트에서 뜬 눈으로 예정에 없던 하루를 보내고 나서야 베를린에 도착할 수 있었다. 통일의 여정이 결코 쉽지 않다는 것을 실감하는 듯하였다.

비행편이 지연되는 바람에 당초 예정보다 하루 늦게 베를린에 도착한 우리 일행은 호텔에 간단히 체크인만 하고 합창을 위해 베를린 장벽과 브란덴부르크 광장으로 향했다. 개량한복이지만 흰 저고리에 빨간 치마와 청바지를 입은 동양의 젊은이들이 거리 공연을 하자 지나가던 독일 현지인들이 하나둘 모여들었고, 어떤 공연인지 물어보며 관심을 보여왔다.

베를린 장벽 앞에서 - 통일을 염원하며...

고향의 봄을 부르며 간주 중에 탈북청년 광성이가 우리가 노래하는 이유, 고향을 그리며 통일을 염원하는 이유 그리고 한반도 통일을 함께 기원해달라는 멘트를 할 때부터 눈물을 글썽이던 친구들은 합창 중간에 복받치는 감정을 억누르느라 힘겹게 노래를 불렀다. 마지막으로 홀로 아리랑으로 합창을 마쳤을 때 수많은 사람들이 박수로 응원하고 환호하자 모든 친구들이 참았던 눈물을 쏟아 냈고, 현지 언론의 요청을 받고 인터뷰하던 설미는 울음이 멈추지 않아 한참동안 인터뷰를 중단하고 나중에 다시 하기도 하였다. 공연을 지켜보던 현지인들이 한반도기에 평화와 통일을 염원하는 글귀를 적어줄때는 모두가 하나되어 가슴 뿌듯한 감격을 느꼈다.

공연을 마치고 이틀정도 베를린 이곳저곳을 관광하며 분단과 통일의 현장을 직접 느껴보았는데, 중간에 버스가 베를린 주재 북한 대사관 옆을 지난 적이 있었다. 안내하는 분이 북한 대사관을 지나갈 것이라는 말을 하자 잠깐 긴장하는 친구들도 있었지만, 창밖을 바라보며 안타깝게 사진을 찍는 모습들에서 새로운 삶을 위해 북한을 떠나왔지만, 고향에 대한 그리움도 많다는 것을 느낄 수 있었다.

부란덴부르크 광장에서 합창하는 원정대

평화와 통일을 기원하는 글귀를 적어주는 현지인들

그렇게 2016년 여름을 뜨겁게 보냈던 하나통일 원정대는 귀국 후에도 탈북청년들과 은행 직원들은 서로 형 아우, 언니 동생이 되어 지금까지도 서로 만나 좋은 일들이 있을 때는 함께 축하해 주고, 종종 술자리도 함께하고, 가끔은 주말에 서울 인근 둘레길이나 유적을 둘러보며 우정을 이어가고 있다.

평양에서 만난 청년들 - "동포구만"

2018년 8월 전혀 새로운 곳에서 북한 청년들을 만날 기회가 생겼다. 스포츠 교류 차원으로 평양에서 개최되는 국제 유소년 축구대회를 은행에서 후원하였는데 실무진에 포함되어 북한을 방문하게 된 것이다. 언젠가는 가보고 싶은 곳이었지만, 그렇게 빨리 실제로 갈 수 있을 것이라고는 생각지 못했던 것이라 긴장도 되었지만 설렘도 컸다.

8월 10일 새벽에 출발한 우리 일행은 육로로 남북출입국사무소를 통과하여 개성을 거쳐 평양으로 갔다. 우리는 은행 유소년 축구단 선수들과 한 버스를 탔다. 버스마다 북측의 안내원들이 대여섯 명씩 탔는데, 처음에 같이 탄 안내원들과 일정 내내 같이 다니게 되었다. 우리 선수들이 여학생 축구선수들이다보니 여성 안내원도 두 명이 포함되어 있었다.

안내원들과 처음에는 서로 상당히 어색하여 공식적인 말 외에는 별로 대화가 없었지만, 점차 함께 있는 시간이 길어지며 서로 편하게 대화가 오고가기 시작하였고, 열흘간 북한에 머물면서 평양 시내의 옥류관 등 유명한 음식점, 공장, 학교, 박물관, 능라곱등어관, 문수물놀이장, 만경대 학생소년궁전 등 꽤 많은 곳을 같이 다니며 친해졌고, 잠깐씩이었지만 평양 시민들과 대화할 기회도 종종 있었다. 오가며 우연히 만나는 주민들도 별다른 경계심 없이 자유롭게 대화에 응해주는 모습이 처음에는 오히려 우리가 의외일 정도였다. 과거에 평양을 다녀왔던 분들도 그런 모습은 이전과 상당히 달라진 것이라고 하였다.

평양교원대를 방문하였을 때는 수업중인 대학생들이 예전 7~80년대 우리 여고생 교복과 같은 흰색 교복을 입고 수업을 받는 모습이 인상적이었다. 수업 방식도 의외로 창의적이고 자신감 있고 자유롭게 의사표현을 하였고, 우리 질문에 대해서도 소녀들이라 약간 수줍어 하지만 적극적으로 응대해 주던 것이 인상적이었다.

평양교원대 수업장면 - 흰 교복과 단발머리가 인상적이다.

안내원들이 아닌 평양시민과 처음 거리에서 아주 가깝게 만났던 기회는 어느날 오후 잠시 숙소에서 자유시간을 가졌을 때였다. 나와 동료 두 명이 호텔을 나와 인근 도로를 산책하던 중 갑자기 소나기를 만나 나무 밑에서 비를 피하는 동안 함께 서있던 평양시민들과 자연스럽게 이야기를 나누게 되었다, 처음에는 서로 어색하게 바라보다가 자전거를 멈추고 있던 50대 중년분에게 말을 걸었더니 "동포구만!" 하면서 반갑게 받아주었다.

그분들은 처음에 우리를 중국인 관광객으로 생각했다고 한다. 하긴 우리가 묵었던 양각도 호텔에도 외국인 관광객들이 함께 있었고, 특히 서양인 관광객들이 생각보다 꽤 많았다. 그분들 이야기가 평양시민들은 누구나 휘장을 달고 있는데 우리는 없다보니 당연히 외국인 관광객으로 생각했고, 얼굴이 비슷한데, 미처 남에서 왔다고 생각하지 못하고 중국인으로 생각했다는 것이었다. 그런데 한국말로 말

평양시내에서 소나기를 피하다 만난 시민 – "동포구만"하며 반겨주었다.

을 거니 반가웠다며, 남에서 왔다는 말에도 그렇게 크게 놀라지는 않았다.

특히 그 50대 시민은 별이 붙은 인민모를 가지고 있었기에 아마도 공무원쯤으로 생각되는데, 예상했던 것보다 남한의 발선상에 대해 잘 알고 있었고, 남북이 교류하고 남한이 도와주어야 북한도 경제적으로 성장할 수 있다고 먼저 말을 해서 오히려 우리가 놀랐다. 그리고 매주 직장이나 지역에서 총화시간이 있는데, 예전에는 남한 사람을 만나면 무엇을 했는지 반성해야 했기에 만났다는 것을 이야기하기 꺼려 했으나, 이제는 부담없이 이야기한다는 얘기도 들었다. 아마도 그런 분위기 때문에 더 스스럼없이 우리와 대화가 되었던 것같다.

호텔 안에서 만나는 직원들도 참 친절하고 편하게 대해주었다. 매일 방 청소와 세탁물을 관리해주었던 옥순씨도 세탁물에 남한에서 가져간 기념품을 놓아두어도 처음에는 그대로 남겨두었지만, 서로 인사를 나누고 나서 전해주니 쑥스러워 하며 고맙게 받아 주었다, 호텔 2층에는 대성개발은행이라는 은행이 있었다. 직원 서너 명으로 우리로 보면 출장소 정도 크기였다. 전형적인 은행원 모습인 흰 셔츠 정장을 입은 창구 직원들에게 나도 남한의 은행원이라고 했더니 더 친절히 반겨주었다. 경험삼아 환전을 했는데, 북한 화폐로 환전은 안 되어 달러를 위안화로 교환하였다. 계산서가 전산이 아닌 손으로 작성하고 출납인을 찍는 것 말고는 여권확인 등등 우리 환전 절차와 비슷했다.

드디어 8월 15일, 김일성 종합경기장에서 개최된 개막식에는 5만 명의 학생과 평양시민들로 경기장은 꽉 차있었다. 물론 학생들 대부분은 동원되었을 것으로 보였지만 개막경기로 진행된 남한과 북한 선수단의 경기가 끝나고 선수들이 함께 손을 잡고 경기장 트랙을 돌 때 "반갑습니다"와 같이 우리에게도 친숙한 노래와 '통일'을 외치며 박수를 보내는 관중들을 보면서 역시 우리는 한민족이구나 하는 가슴벅찬 감동을 느낄 수 있었다. 특히 어린 선수들이 경기할 때는 한치의 양보도 없이 치열하게 경기하였지만, 경기가 끝나고 나서는 친구처럼 함께 손을 잡고 뛰는 모습이 남과 북이 아닌 그냥 이웃학교 학생들처럼 보였다.

북한에 머무르는 열흘 동안 우리와 함께 했던 안내원 친구들과는 나중에는 서로 가족 이야기까지 할 정도로 친해졌다. 북측 안내원 중 철룡 선생은 체격도 좋고 힘좋게 생겼지만 이야기를 나누다 보니 한없이 여리고 착한 친구였다. 부인은 미술을 전공한 화가이고 아들이

축구 경기가 끝난 후 함께 트랙을 도는 남북 학생들과 우리를 향해 손을 흔들어 주는 북한 관중들. 역시 우리는 한민족이라는 것을 절실히 느끼는 감동적인 장면이었다.

둘이라고 하였다. 안내원들 중에 직급이 좀 높았던 금평 선생은 처음에는 상당히 까다로운 사람이었는데, 가까워지고 난 이후는 더 없이 친하게 되었다. 묘향산에서는 보현사 앞 매점에서 산 돌배를 함께 베어 먹기도 하였고 내가 20년 가까이 입에도 대지 않았던 담배를 같이 나눠 피우기도 하였다.

열흘간 우리를 안내했던 친구들과 오랜 시간 함께 하며 대화를 나누며 느낀 것은 그들도 우리와 함께 하고 교류하며 통일이 되기를 원한다는 것이었다. 오히려 어떤 때는 남한의 젊은이들보다 통일에 대한 사명감이나 기대는 훨씬 큰 것 같았다. 개막식 같은 행사가 있는 날은 좀더 크게 만찬을 했는데, 그런 날에는 몇시간씩 호텔 식당에서 평양소주, 송악소주와 대동강 맥주를 함께 마시며 밤 늦게까지 안내원 친구들과 함께 시간을 보내기도 하였다. 그런 시간을 자주 갖다보니 서로 편한 얘기뿐만 아니라 간혹 민감한 이야기로 토론할 수 있게 되었다. 예를 들면, 남북 문제는 우리끼리 서로 알아서 풀면 되는 것이지 왜 남측은 자꾸 미국의 눈치를 보냐고 안내원 친구들이 따지기도 했고, 우리는 그게 그렇게 생각처럼 간단한 게 아니다. 국제관계도 고려하고 외교문제도 있고... 등등 여러 가지 상황을 고려해야 하는 것이지 그게 미국 눈치를 보는게 아니다, 그리고 북한도 이런 기회에 과감히 문을 열고 세계 흐름에 동참해야 한다 등등 자기 주장을 목소리 높여 말하면서 서로를 조금씩 더 이해할 수 있게 되었다.

열흘간의 방문 기간을 마치고 처음에 갔던 것처럼 다시 버스를 타고 평양에서 개성으로 내려오는 동안은 이제 헤어져야 한다는 생각에 버스 안이 숙연해지기도 하였고, 내려오는 고속도로 중간에 온정리 휴게소에 쉴 때는 서로 음료수나 과일, 간식거리를 사주며 함께 기념사진 한 장이라도 더 찍으려고 하고, 개성을 지나 북측 출입국사무소에 도착하여 수속하는 동안은 서로 부둥켜 안고 울먹이는 친구들도 많았다. 우리도 함께했던 금평, 철룡, 영민 선생 등 안내원 친구들에게 이제 이렇게 교류가 시작되고 있으니 조만간 다시 만나겠죠 하면서 안아주고 어깨 두드리며 헤어짐을 아쉬워하는 동안 안내원 친구들뿐만 아니라 나도 모르게 눈물이 흘러내렸다.

우리가 수속을 마치고 출입국사무소 경계선을 넘어와서도 한참동안 서로 손을 흔들며 한동안 바라보며 서 있었다. 그렇게 아쉬움을 뒤로 한 채 북측 출입구 사무소 앞에 와있던 남한 버스를 타고 다시 우리는 군사분계선을 넘어 남한으로 내려왔다.

미래 세대에 물려줄 평화로운 한반도

유난히도 더웠던 2018년 8월을 그렇게 뜨겁게 보내고 일년이 훌쩍 지났다. 당시만 해도 금방 북한이 개방이 되고 남북 교류가 실현될 듯하였지만, 국제 정세는 우리에게 그렇게 호락호락하지 않은 게 현실임을 다시 한 번 느끼고 있다. 2018년 그렇게 부풀어 있던 기대가 2019년 지금은 언제 그랬느냐는 듯이 냉각되어 안타까울 뿐이다.

하지만 남과 북의 교류와 협력은 단지 북한 주민만을 위한 것이 아니라 남북한 모두에게 필요한 것이 현실이기에 포기하지 않고 더욱 더 잘 준비하고 노력해야 한다는 생각이 들었다. 지금까지 우리는 '한강의 기적'을 통해 세계 10대 강국, OECD국가 대열에 합류할 수 있었지만, 5천만밖에 되지 않는 남한인구, 남북이 분단되어 섬 아닌 섬나라가 된 현재 상태로는 이미 성장 동력이 떨어져서 심각하게 미래를 고민해야 할 때이다. 이미 저출산으로 인한 인구감소와 노령화가 세계에서 가장 빠르게 진행되고 있고, 우리를 뒤따르는 저개발 국가들의 발전 속도는 날이 갈수록 빨라지고 있다. 우리가 새로운 성장동력을 찾지 못한다면 머지않아 인구감소로 인한 노령화, 경기침체 등 지금 일본이 겪고 있는 쇠퇴의 길을 따라갈 수 밖에 없을 것이다.

이 글을 쓰고 있는 오늘도 블룸버그 기사에 초고령사회로 진입한 일본의 농촌인구가 크게 감소하여 2030년경에는 수백 개의 소도시와 마을이 버려져서 생활하기조차 불가능해질 전망이라는 유엔보고서가 실렸다.

아직 고령화비율은 우리가 일본보다 낮지만, 문제는 출산율 감소나 고령화 속도는 우리가 일본보다 훨씬 빠르다는 것이다. 심지어 우리나라는 OECD국가 중 합계출산율이 "1"이 안 되는 유일한 나라일 정도로 출산율이 낮아 인구감소와 이로 인한 경기침체가 심각한 국가적 문제로 대두될 전망이다. 물론 북한도 출산율이 낮다는 통계가 있지만 현재로서는 남북 교류를 통한 상호협력이 유일하게 남한의 성장동력을 되찾을 수 있는 길로 보인다. 남한의 자본과 기술력 그리고 북한의 교육 잘된 양질의 노동력과 자원이 합쳐질 때 남과 북은 새로운 성장기회를 얻고, 함께 번영의 길로 걸어 나갈 수 있을 것이다.

하지만 안타깝게도 교류와 협력을 통한 평화와 번영의 길을 막는 장애물이 우리사회에 아직도 남아 있다. 체제경쟁과 이념의 갈등이 그것이다. 더구나 동서 냉전시대 이념 갈등이 지구상에서 사라진지 이미 오래인데, 유독 우리만 남북이 갈라져 있고, 남한 내부에서도 이념갈등이 갈수록 깊어지는 모습이 안타까울 뿐이다.

내가 남한에서 만난 북한 출신 청년들, 그리고 그들과 독일 베를린까지 가서 노래하며 함께 지내보고, 길지 않지만 북한에서 만나본 청년들에게서 느낀 것은 그들 모두가 평화와 교류 그리고 통일을 간절히 바라고 있다는 것이었다.

기성세대가 만들어 놓은 이념의 문제가 그들에게 전혀 없다고 할 수는 없지만 그들은 기성세대보다는 훨씬 이념에서 가벼웠다.

우리가 미래세대에 지금과 같은 갈등과 전쟁의 위험이 아닌, 평화와 번영된 나라를 물려주려면 하루빨리 이념의 굴레에서 벗어나야 할 것이다. 새들이 자유로이 날아다니고, 온갖 짐승과 물고기도 유유히 오가는 곳을 이념 때문에 가로막히고, 보고 싶은 사람이 있어도 오가지 못하는 현실이 참으로 어리석고 안타깝지 않은가? 35년 이상 식민지배를 당했던 일본과도, 40년 이상 국교가 단절되었던 중국과도, 심지어 군대를 파견해 전쟁까지 했던 베트남과도 평화로이 교류하고 있는데, 왜 같은 민족인 북한과는 오갈 수도 없는 것일까? 우리가 스스로 벗어나지 않는 한 이념의 굴레에서 누구도 우리를 벗겨주지 않는다. 우리가 서로 다름을 인정하고, 이해하고 배려하며 함께 아픔을 보듬으려고 노력할 때 평화와 통일은 가능할 것이다. 우리들의 현명한 선택과 판단으로 우리 자녀들이 이념 갈등과 전쟁의 공포가 아닌 평화와 희망으로 가득한, 다 함께 행복한 세상에서 살아가길 간절히 기도한다.

이조영 베네딕트

현재 은행에서 사회공헌업무를 담당하고 있다. 어려서부터 대조영의 발해를 꿈꾸어 왔으며 분단된 현실이 안타까워 한반도 평화통일과 동북아 공동체의 협력으로 평화롭고 아름다운 세상이 만들어지길 간절히 기도하고 있다.

6. 북녘 아이들의 '낯선' 남녘 살이

정일영

우리는 손을 맞대고 서로의 평안을 기원한다. 평안한 삶이란 누구나 기원해 바라 마지않는 행복한 삶이리라. 나 또한 이 땅에서 살아가는 모든 이들이 평안하길 빈다. 고향을 떠나 이국 아닌 이국, 조국 아닌 조국에서 살아가고 있는 탈북민들의 평안한 삶을 좀 더 특별한 마음으로 빈다.

남북관계가 얼어붙은 지금, 한국에는 3만 명이 넘는 탈북민들이 살고 있다. 1990년대 식량난은 북한 주민들을 죽음으로 내몰았고, 그들은 생존을 위해 국경을 넘었다. 탈북자들은 주로 중국 조선족에게 도움을 받거나 불법 체류자로 살아가며 고달픈 삶을 살아갔다. 이들 중 일부는 한국행을 선택했다. 귀순 용사가 아닌 적지 않은 북한 주민들이 남한에서 새로운 삶을 살아가게 된 것이다.

그렇게 탈북민 1세대가 2000년대 정착한 이후, 그들이 지너들이 먼 길을 돌아 한국에 왔다. 이들은 북한과 남한에서 거의 같은 시간을 살아온 세대이다. 2세대 탈북민이라 할까... 이제는 탈북민 2세대의 자녀가 한국에서 태어나 3세대로 성장하고 있다.

이 글은 필자가 크고 작은 인연으로 만난 탈북민들과 있었던 소소하지만 잊혀지지 않는 이야기들이다. 그들이 이 땅에서 살아가며 어떤 일들을 겪는지, 그들이 어떤 느낌으로 이 땅을 살아가고 있는지 모든 것을 알 수는 없다. 다만 탈북민들, 특히 탈북 2세대의 삶을 필자의 시선과 감정으로 담아내려 했다. 이 글에 나오는 이름은 모두 가명이며 일부 이야기는 사건이 특정되지 않도록 일부 각색했음을 밝힌다.

1. 형님아, 같이 좀 살자.

"형님~ 왜 이렇게 연락이 없었어요?"

민혁이의 전화다. 대학원 시절 만나 탈북민 대학생 모임에서 호형호제하며 지냈지만 내가 이사를 하게 된 후 연락이 끊겼더랬다.

"저 거제에 있어요! 용접 배워서 일하는데 요즘 일이 많지 않아 걱정이에요. 언제 한 번 놀러오세요~"

민혁이는 대학을 다니며 결혼을 했고 아이가 있었다. 지금은 별거 아닌 별거 상태다. 제수씨도 북한이 고향인 탈북민이다. 혁이가 나를 만나 술 한잔한다고 하면 제수씨가 봐준다고 해서 내 이름을 많이도 팔았더랬다.

서울의 괜찮은 대학을 나왔지만 민혁이가 취직할 수 있는 곳은 많지 않았다. 대학 성적보다도 그의 말투가 그를 평가하고 다른 눈으로 보게 만들었다. 몇몇 곳에서 직장생활을 하던 민혁이는 거제도의 조선소에서 용접공으로 일하고 있었다. 거친 일이다. 북한 말투를 쓰는 탈북민에게는 더더욱 거친 일이란 것을 알고 있었다. 그래도 씩씩했다.

그렇게 몇 달이 지나고 그의 전화가 다시 왔다.

"형님, 어디 일할 곳 좀 없어요? 다시 올라가야 할 것 같아요."

숨이 막혔다. 나 또한 삼각김밥과 컵라면으로 하루를 버티던 때였다.

"응 그래! 나도 좀 알아볼께! 잘 될 거야. 힘내고!!"

형식적인 말들이었다. 그렇게 또 얼마가 지나 혁에게 연락이 왔다. 취해 있었다.

"형님아, 같이 좀 먹고 살자..."

얼마나 힘들었을까... 눈물이 멈추지 않는다. 그때도, 지금도...

그때는 해줄 것이 없어서... 지금은 이제야 그의 이름을 다시 불러보게 돼서... 미안하다는 말도 죄스럽다... 널 다시 찾지 않으면 나는 인간도 아니다.

2. 덕이의 졸업식

여름을 이용해 탈북 청소년들에게 과외를 시켜주는 프로그램에 참여했다. 한 달 정도 되는 일정이었다. 내 나이가 제일 많아 조금 어색하기도 했지만, 그래서인지 아이들이 어린 남한 선생님들보다 나를 따르곤 했다.

한국의 치열한 교육환경은 북한에서 제대로 교육받지 않은 아이들에게 너무 가혹한 것이었다. 말을 하면서 영어를 배우는 우리와 달리 그들은 영어 교육을 받지 않은 경우가 대부분이었다.

더 큰 문제는 한국어에 있었다. 한국어가 왜? 그들에게 한국어는 조선어와 외래어가 뒤죽박죽 섞여 있는 이상한 언어였다. 경영학과에 다니는 친구는 경영학개론 교재를 제대로 이해할 수가 없었다. 한글로 쓰여있지만 한자와 영어가 국어화된 용어가 너무 많았던 것이다. 우리는 못 느끼는 문제들이었다.

하지만 근성 있는 친구들이 있었다. 어린 나이에 목숨을 걸어본 아이들은 불안정했지만, 무서울 것도 없었다. 프로그램에서 나의 일은 자율학습 시간에 조는 친구들 깨우고, 몰래 담배피는 남자아이들을 혼내는 것이었다.

그 중에 키는 작지만 기세는 장군감이었던 여자아이가 있었다. 당시에 대부분의 아이들은 정규교육에 편입되기보다는 검정고시를 선택하는 경우가 많았다. 하지만 덕이는 다른 아이들과 달리 일반고등학교를 다니고 있었다. 어찌나 씩씩한지 에너지가 넘치는 아이였다. 욕심도 많아서 이것저것 나서서 하길 좋아했다.

그렇게 과외프로그램이 끝나고 봄이 될 무렵 덕이한테 전화가 왔다. 늦은 저녁이었다.

"선생님~ 내일 뭐해요?"

"내일… 음… 학교가서… 공부?"

"내일 나 졸업하는데 놀러와요!"

아… 이거참… 장가를 빨리 갔으면 너 같은 딸이 있을 나인네… 난처했다.

"내일 올 사람이 없어서…"

그랬구나… 북녘 친구들을 만날 때 나 자신의 룰이 있다. 그들이 스스로 말하기 전에 과거를 묻지 않는다. 덕이는 혼자 살고 있었다. 여기저기 아는 이들에게 전화를 했는데 올 사람이 없었던 것이다. 정말 잔다르크 같은 아이였지만 혼자 졸업식에 남겨지긴 싫었으리라…

"아이구~ 이거 내일 공부하기도 싫은데 선생님이 가서 축하해줘야지!"

졸업식은 여느 졸업식과 다르지 않았다. 기쁨과 아쉬움이 함께하는 부산한 하루였다. 삼촌 아닌 삼촌으로 괜히 주눅들지 않게 열심히 사진을 찍어줬다.

"꼬맹이~ 졸업 축하해! 우와~ 이제 대학생이네!"

최대한 풍성하게 만든 꽃다발을 덕이에게 안겨 주었다.

"안와도 되는데ㅋ 나 친구들 만나기로 했으니까 먼저 가세요~"

.....

그래... 어쨌든...

오늘의 미션! 클리어!

3. 무서운 사람들

"선생님, 브로커들이 왔어요."

한번도 본 적은 없었지만 얘기를 들어 알고 있었다. 북한주민의 탈북을 도와주고 그들이 한국에 정착하면 입국비용을 받아가는 사람들, 탈북 브로커들이 왔다.

탈북 브로커는 필요악이다. 그들이 없이 북한에서 중국과 또 다른 3국을 거쳐 한국에 오는 것은 불가능에 가깝다. 탈북민들은 브로커에게 500만원 전후의 입국 비용을 약정하고 한국으로 들어오게 된다.

문제는 초창기 한국 정부가 일시불로 지급하던 정책지원금을 기간과 조건을 정해 나눠주기 시작했다. 청소년의 경우 성인이 될 때까지 목돈을 구할 길이 없어지게 됐다. 간혹 브로커들이 혼자 입국한 어린 친구들을 찾아가 그들의 보호자들에게 대신 비용을 내라고 협박한다는 말을 들었던 터였다.

브로커 얘기를 할 때면 아이들은 늘 똑같은 얘기를 해줬다.

"형님, 절대 브로커 문제에 개입하지 마십시오. 큰일 납니다."

그런데 그 브로커가 내 이이들을 만나러 찾아왔다. 지난 번에는 창틀을 뜯고 집으로 들어왔다고 했다. 무서웠다... 그래서 고심한 끝에 우선 머릿수를 늘리기로 했다. 친구들을 불러모았다. 다섯 명. 이 정도면 되겠지? 우리 중 한 명은 태권도 유단자였다. 든든했다. 약속한 장소로 갔다.

그런데 분위기가 이상하게 돌아갔다. 우리보다 수가 많았다. 큰일 났다...

거친 얼굴들이었다. 대충 봐도 모두 탈북자들이었다. 국내에서 브로커의 수금업무를 탈북자들이 한다는 얘기를 들었다. 좋은 직업이라 할 수 없지만, 그들도 생계가 필요했으리라.

아무렇지 않은 듯 엉덩이를 쇼파 끝으로 밀어 '가오'를 잡았다.

남한 출신 몇이 섞여 있어서인지 협상은 어색하지만 젠틀하게 진행됐다. 우리는 그들의 이야기를 듣고만 있었다. 어린 탈북자 친구는 능숙하게 그들에게 상황을 설명하고 너스레를 떨었다. 그들은 그들만의 세계에 있는 것 같았다. '북조선' 사람들의 대화였다. 그렇게 영화에서나 볼 법한 협상이 끝났다.

잔뜩 긴장했다가 진이 빠진 나에게 어린 친구가 예의 그 말을 퉁명스럽게 던졌다.

"형님, 앞으로 이런데 오지 마십쇼."

4. 아이의 통장

병희는 한국에 온 지 10년이 넘었다. 아버지가 살아계신지는 묻지도 답하지도 않았다. 다만 어머니와 동생이 북한의 고향에 살고 있었다. 얼마 전 동생이 중학교를 졸업하고 간호사가 됐단다. 한국과 달리 북에서 간호사는 돈벌이가 좋은 직업이 아니다. 의사보다 운전수가 돈을 더 많이 버는게 요즘 북한이다.

병희네 가족의 형편도 만만치 않았지만, 병희는 목돈이 생기면 남편 몰래 고향에 있는 가족들을 돕고 있었다. 아무리 대북제재가 강력하다 해도 가족의 연을 끊을 수는 없었다. 그렇게 많은 탈북민들이 먹지 않고, 자지 않고, 놀지 않고 돈을 모아 북한의 가족에게 헌신하고 있다.

그런 병희가 찾아왔다. 늘 사리가 밝고, 공사가 분명한 아이였다. 그런 아이가 말을 꺼내지 못하고 있었다.

"저... 가게를 하나 하려구요."

"돈이 좀 모자라 아이 통장을 깨려고 했는데..."

탈북민들은 결혼을 빨리하는 편이다. 대부분 20대에 결혼을 한다. 30대에 하는 친구들은 드물었다. 20살을 갓 넘기고 남과 북의 가족을 모두 돌보고 있는 아이였다. 얼마나 무거운 짐이 그의 어깨를 짓누르고 있었을까...

가게를 열기 위해 아이 통장을 깨려니 마음이 허락지 않았던 것이다... 은행 창구까지 갔다가 다시 돌아왔다고 했다.

"나 적금 탄 건 어떻게 알고, 귀신이네~ 나 실업자되면 알바로 써주기다."

그렇게 적지도, 많지도 않은 돈을 빌려줬다. 그들은 모두 내 동생들이고 내 아이들이다. 수만 킬로미터 떨어진 남한 땅에 닿기까지 목숨을 걸고 강을 건너고 어두운 국경을 맨발로 건너온 그들이다.

우리가 보듬고 나누고 함께 살아가야 한다. 문득 정치인들이 이들의 모정을 반에, 반만 이해했어도 이미 통일이 되지 않았을까 생각해봤다.

5. 새벽의 소란

오늘은 혁이네서 술 한잔하며 축구를 보는 날이다. 남한 사람만큼 북조선 사람들도 축구를 좋아한다. 우리 같이 군대에서 축구를 많이 해서 그런가?

어쨌든 우린 열심히 응원했다. 나는 "저놈 잘 뛰네!" 하며 조금 관망했다면, 혁이는 "저런 멍청이!"를 연발하며 작은 실수에도 흥분을 감추지 못했다. 축구 결과가 어떻게 끝났는지 기억나진 않는다. 그저 "멍청이"란 말만 무수히 들었던 기억이 아직도 생생하다. 그렇게 혁이네 집에서 잠을 자게 됐다.

더운 날씨에 창문을 살짝 열고 선풍기에 더위를 식히며 잠을 청했다. 새벽녘 어느 탈북자 모자의 목소리가 들리기 시작했다. 아침이 다가오는 시간이 돼서야 일을 마친 모자였다. 잠을 자려는 내겐 낭만적으로 들리지 않았다. 지난번에 혁이네서 잘 때도 이 모자의 왁자지껄한 대화에 잠을 깼더랬다. 오늘은 그냥 넘어갈 수 없었다.

문을 열고 나가 버럭 화를 냈다.

"아저씨! 지금 몇 신 줄 알아요! 조용히 좀 합시다. 한, 두 번도 아니고 정말…"

어머니가 흠칫 죄송하다고 연신 고개를 숙이신다. 아들은 뭔가 불만스러운 눈치였지만, 그렇게 모자가 집으로 들어갔다. 그리고 사달이 났다.

그 아들이 아파트 복도로 나와 괴성을 지르며 복도에 쌓여있는 물건들을 부수기 시작했다. 울분에 차서 나를 찾고 있었다. 나가려는 나를 혁이가 말렸다.

"형님, 나가면 큰일 납니다."

괴성을 지르는 아들을 어머니가 말리고 있었다.

"이 어미 죽는거 보고 싶어 이러냐!"

죄책감에 뛰쳐나가 무릎이라도 꿇고 싶었다.

그들에게 얼마나 고된 새벽이었을까..

그 삶을 묵묵히 받아들이고 하루를 마무리하는 그들에게 난 잔인한 린치를 가했다.

결국, 아파트 수위 아저씨가 올라와서야 소동은 정리됐다. 아직도 그 날 어머니께 죄송했던 마음이 두고두고 가시지 않는다.

6. 지금은 어느 하늘 아래서

철이는 정말 북녘에서 온 친구 같지 않았다. 하얀 피부에 철없는 모습은 여느 대학생과 다르지 않았다. 누이와 함께 한국에 정착했지만 늘 씩씩했고, 어두운 구석이 없던 녀석이었다.

오늘은 그런 철이가 한국을 떠나는 날이다. 캐나다로 간단다. 자세히 알려주진 않았지만, 여행으로 방문 후 장기체류할 계획인 듯했다. 어린 친구가 그나마 적응을 잘한다고 생각했는데...

철이 나이 21살... 또 다른 이국 땅에서 새로운 삶을 개척하기엔 너무 어린 나이였다. 하지만 그는 또 다시 새로운 삶을 선택했다. 아니 그렇게 떠밀려 간다는 것이 맞는 말일 것이다.

새로운 삶을 찾아온 그에게 한국은 쉽지 않은 곳이었다.

탈북자에 대한 편견으로 종종 힘들어하더니, 호주를 다녀온 후 한국을 떠나겠다고 선언했다. 목공일을 하는 선배를 만났는데 자유롭게 사는 모습이 너무 부러웠다고 한다. 그렇게 철이는 캐나다로 떠났다. 그가 한국에서 직면했던 벽들이 어떤 것들이었는지 알기에 '열심히 살아보자', '기회는 평등하다', 그렇게 말하지 못했다...

그러던 어느 날 철이에게서 엽서 한 장이 왔다. 놀랍게도 철이는 캐나다를 거쳐 미국에 가 있었다. 미국인 친구와 찍은 사진이었다.

웃는 얼굴이 밝아 보였다. 그들과 제대로 대화를 나누지는 못하겠지만... 그곳에서의 도전 또한 만만치 않겠지만...

조금 더 너의 꿈에 다가서길, 그리고 너의 삶이 평안하길... 기도한다.

짧지도, 길지도 않은 인연으로 만났던 아이들. 이제는 가족을 이뤄 아이들이라 부를 수 없는 그들... 국경을 넘으며 목숨을 한 번은 걸어본 그들은 치열하게 이 땅에서 살아가고 있었다. 그러나 안타깝게도 그들의 삶은 평안하지만은 않았다. 그들은 외로움과 차별의 시선 속에서 하루하루 삶을 지탱해 나가고 있었다.

우리는 그들을 먼저 온 통일의 손님이라고 말한다. 삶의 무게에 경중이 있겠느냐마는... 우리가 함께 손을 맞잡는다면, 그들의 마음에 평화의 안도가 자리잡을 수 있지 않을까? 그들이 평안한 삶을 살아가는 그 날이, 아마도 통일의 그 날이 아닐까?

고향을 떠나 낯선 이곳에서 새로운 삶을 살아가는 모든 분들에게,

'평화를 빕니다'.

정일영 베드로

저는 서강대 사회과학연구소 연구교수로 일하며 미지의 세계와 같은 북한을 연구하고 있습니다. 또한, 남북의 아이러니한 관계와 한반도 평화에 대해서도 공부하고 있습니다. 그리고 남과 북의 젊은이들이 서로 만나 평화를 지키고, 평화를 만끽하는 세상을 꿈꿉니다.

3단

분쟁과 갈등, 그리고 성찰

7. 그들의 평화를 망치지 말아 주세요

최이슬

첫 번째 아프리카와 편견 덩어리

나의 첫 번째 아프리카는, 내가 편견 덩어리였음을 깨닫게 된 시간이었다. 말하자면, 세상을 바라보는 시야가 처음으로 넓어지기 시작한 순간이었다. 태어나서 처음 가본 외국이었기에 처음 마주하게 된 다른 세상에 대한 충격이었을 수 있겠지만, 내 안의 변화가 더 크게 일어날 수 있었던 것은 아마도 그곳이 아프리카이었던 덕분이 아닌가 싶다.

우리나라의 많은 책과 미디어에서는 아프리카를 빈곤 포르노로 다루거나 동물의 왕국으로 보여준다. 그래서 아프리카에 큰 관심이 없는 사람들은 아프리카를 '아프고 가난한 사람들이 사는 곳', '전염병과 전쟁으로 위험한 곳', '야생동물이 사는 곳' 정도로 인지할 뿐이다. 반대로, 아프리카를 조금 안다며 스스로 으스대는 나 같은 사람들은 그것은 편견일 뿐이라며 삐딱하게 반박의 목소리를 키운다. 아프리카는 기회의 땅이고, 이 세상에 얼마 남지 않은 발전의 블루오션이라고. 그리고 처음으로 딛고 선 아프리카 땅에서 깨닫는다. 그러한 나 또한 편견 덩어리였음을.

내가 보고자 했던 밝고 긍정적인 모습도 있지만, 흔히 알려진 바와 같은 어두움 또한 이들 삶의 일부이다. 그러나 한때 나는 그것을 말하는 사람들을 편견 덩어리로 비난했었고, 그때를 생각하면 조금 많이 부끄럽다. 그러니까 더 정확하게는, 어두운 모습을 이들이 살아가는 현재의 일부로 인정하지 않았던 태도가 창피한 것이다. 대학에

탄자니아에서는 킬리만자로 봉우리를 보기 의외로 힘들다. 맑은 날에도, 거의 모든 순간에 봉우리에는 구름이 걸려있기 때문이다. 심지어 오른쪽에 두 번째 봉우리까지 선명하게 나타나는 날은 정말 드물다. 그래서 탄자니아에 왔을 때 완연히 모습을 드러낸 킬리만자로를 보면 꼭 다시 오게 된다는 속설이 있다. 나는 지금까지 7번 정도 다녀왔는데 단 한 번도 못 본 적이 없다.

와서 남들보다 아프리카에 대해 더 많이 배웠고, 더 잘 알고 있다고 생각했지만, 나 또한 그저 다른 누군가가 아프리카를 표현한 이미지와 텍스트만 기억한 꼴이었다.

그리고 탄자니아에서 처음으로 나만의 생각을 담기 시작했다. 그러고 보면 2011년의 탄자니아는, 내가 지금 서 있는 길로 이어준 첫 번째 이정표였던 것 같다.

땅 위에서 못 보고 비행기에 오른 날에는 하늘에서 모습을 보여주었다. 여러 각도로 참 자세히도 보여준다. 자주 와서 더 많이 담으라는 뜻일까.

하라카 하라카!

하라카 하라카haraka haraka는 스와힐리어로 "빨리빨리"라는 뜻이다.

2011년 어느 날, 나는 다레살람Dar es Salaam 대학에서 시내로 나가기 위해 버스 정거장으로 향했다. 종착역이기도 한 그곳은 모든 버스가 모여있어 사람이 많이 붐빈다. 그날도 여느 때와 같이 사람이 많았고, 나는 그 사이를 뚫고 버스를 타러 가고 있었다. 그런데 어떤 현지인이 대뜸 나에게 "빨리빨리!"를 외치고 사라졌다. 그것도, 한국어로.

잠시 어안이 벙벙했지만, 이내 정신을 차리고는 다시 버스를 타러 갔다. 그리고 곰곰이 생각해보았다. 도대체 그 사람은 왜 나에게 "빨리빨리!"를 외쳤나. 그리고 내가 한국인인 줄 어떻게 알고 한국어로 말을 했을까. 탄자니아에 온 지 며칠 되지 않은 때였어서 단지 재미있는 에피소드로 여기고 그날의 일을 웃어넘겼다. 그리고 그 해답은 내가 그곳에서 시간을 보내면서 알 수 있게 되었다. 음식을 주문하고 한 시간 정도를 아무런 불평 없이 기다리지 못하는 내가, 이 사람들과 다르다는 걸 깨닫게 될 때 즈음에.

처음으로 음식을 한 시간 이상 기다렸을 때는 친구들과 함께 어떻게 이렇게까지 늦을 수 있는 거냐며 불평을 했다. 그리고 음식을 갖다 주는 직원과 식당 사장에게 항의하기도 했다. 그럴 때면 언제나 돌아오는 말은 "곧 나올거야"뿐이었고, 늦어서 미안하다는 사과를 하지 않는 저들에게 매우 언짢아하거나 심지어는 화를 내기도 했다.

현지 사람과 몇 시에 어디서 만나기로 약속할 때도 비슷한 일이 자주 일어났다. 약속 상대를 한 시간 이상 기다리는 일은 당연할 정도였다. 약속 상대를 기다린 지 10분 정도 기다렸을 무렵, 전화를 걸어 어디쯤이냐고 물으니 곧 도착한다기에 '금방 오겠지...' 생각하고 기다렸다. 그렇게 30분을 기다렸는데도 오지 않아 다시 전화해서 어디냐고 물으니 5분 뒤에 도착한다고 대답하기에 또 기다렸다. 그렇게 만나기로 한 시간으로부터 50분이 흘렀을 때 나는 다시 전화할 수밖에 없었고, 거의 다왔다는 대답을 들은 후 20분이 더 지나서야 만날 수 있었다. 그리고 기다림은 곧 일상이 되었다.

한국인인 나는, 시간을 지키지 않는 것에 화가 나는 내가 이상하지 않다고 생각했고, 기다려야 하는 상황을 마주할 때마다 이들이 못 알아듣는 한국어로 욕을 중얼거리곤 했다. 그러다 문득, 이들의 행동을 다시 보게 되는 순간이 찾아왔다. 가령, 주문한 음식이 한 시간이 지나도록 나오지 않는데도 얼굴 찌푸림이나 불평 한 마디 없이 기다리는 주변 테이블이, 본인이 약속에서 한참을 기다려도 늦게 온 사람에게 핀잔 한마디 하지 않는 너그러움이, 상대가 늦어서 기다리다가 다음 일에 지장이 생길 것 같을 때는 그냥 가버리는 쿨함(?)이 눈에 들어오기 시작한 순간. 그리고 그때부터 나는 이 사람들의 생활 방식을 눈에 담기 시작했다.

스와힐리어에는 "하라카 하라카 하이나 바라카, 폴레폴레 니 므웬도haraka haraka haina baraka, polepole ni mwendo"라는 속담이 있다. 이 말은 "서두르는 것에는 축복이 없다. 천천함이 자연의 속도다"라는 뜻이다. 속담의 의미를 생각해볼 때, 그때 그 사람이 나에게 "빨리빨리!"라고 외치고 사라진 이유는 "'빨리빨리'를 강요하는 너(희 한국인)에게는 축복이 없을 것"이라는 비아냥을 담아 한국인들에게 들어왔던 그 말을 되돌려주려는 것이었을까. 그러니까, 우리에게 그러지 말라고.

느릿느릿. 급할 거 없어. 지금은 사자가 없거든

그리고 나의 오만했던 태도를 반성해 본다. 다른 사람들이 살아가는 방식을 이야기할 때, '잘못된', '틀린'이라는 단어를 쓰는 것에 신중하지 못했음을. 심지어는 나의 기대에 부응하지 않는 저들의 행동을 못마땅하게 여기고 욕을 했던 그 오만함을. 그러한 모습이 그들이 사는 세상에서는 당연하고 자연스러운 것인을 생각하지 못하고 말이다.

돈이 생기는(?) 현지어의 위력

태어나 처음 가본 낯선 곳이 낯설지 않았던 이유는, 유창하지는 않아도 그들의 말로 인사말을 건넬 수 있었던 덕분이었다. 거리의 간판을 이해할 수 있어 길을 많이 헤매지 않아도 목적지를 찾을 수 있었고, 길거리의 처음 보는 사람들이 나를 빤히 쳐다보아도 그들의 인사를 건네면, 그들은 곧 활짝 웃으며 나에게 손을 흔들어 주었다.

내가 그들을 경계했듯, 그들도 이방인인 나를 경계했을 텐데, 그 벽이 와르르 무너지는 게 환영처럼 보이는 순간은 내가 영어가 아닌 그들의 언어로 대답하는 때였다. 그 순간, 나는 낯선 이방인에서 동네 이웃이 되었다.

탄자니아에 도착하고 이틀째 되던 날. 가지고 있는 실링(탄자니아 화폐)이 없어서 달러를 환전하기 위해 쇼핑센터로 향하던 길이었다. 다레살람Dar es Salaam 대학에 한 학기 먼저 와 있던 한국인 친구가 알려준 길을 기억하며 걸어가고 있었는데, 누군가가 부르는 소리를 들었다. 주변을 두리번거린 후 주변에 나밖에 없음을 깨닫고 소리의 진원지를 찾아보니 세워져 있는 차 안에서 탄자니아인 할아버지 한 분이 나에게 손짓을 하고 있었다. 그분이 인사를 건네어 인사로 대답을 했더니 나에게 이곳에서 무얼 하는지를 물으셨다. 나는 여기에 공부하러 왔으며, 도착한 지 이틀째이고, 지금은 친구를 만나러 가는 길이라고 대답해주었다. 나의 말을 듣자 그 할아버지는 퍽 놀라워했다. 아마도 할아버지에게는 스와힐리어를 공부하러 혼자 탄자니아에 온 한국인 여자아이를 길거리에서 만난 것이 신기한 경험이었던 듯하다.

그래서인지 엄청나게 기뻐하셨는데, 그 할아버지가 엄청나게 기뻐했다는 것을 어떻게 알 수 있었냐면 그 자리에서 지갑을 열어서 내 손에 돈을 쥐여주셨기 때문이다. 나 역시 처음 겪는 상황에 놀라서 내미시는 것을 고사하며 괜찮다고 손을 저어가며 사양했지만, 이곳 날씨가 꽤 더울 테니 친구랑 만나서 차가운 음료수를 사 마시라면서 탄자니아에 와주어서 고맙다는 말과 함께 끝내 내 손에 돈을 쥐여주고 가셨다.

모습이 달라도 어우러져 살 수 있지. 서로의 마음이 통한다면. 그래서 말인데, 얼굴이 끝나면 엉덩이 쪽도 부탁해. 간지러워서 말이야.

얼떨떨한 기분으로 손에 3천 실링(한화로 약 1,600원 정도에 불과하지만 탄산음료를 두 병이나

사 마실 수 있었다.)을 든 채 친구를 만났다. 친구에게 금방 있었던 일을 말하니, 아마 길거리에서 현지인한테 돈을 받은 외국인은 나밖에 없을 거라며 앞으로는 옷 좀 잘 차려입고 다니라고 놀려댔다. 놀림을 받았을지언정, 이방인이었던 내가 한순간에 용돈을 주고 싶은 손녀처럼 되어버린 그 순간을 평생 잊지 못할 것이다.

아무튼, 길을 걷다 갑자기 손에 돈이 생길 정도로, 현지어의 위력은 대단했다.

상대의 언어를 알아간다는 것은 1

아주 간단하게라도 상대의 언어를 배우고자 하는 것은, 상대를 이해하려는 노력의 가장 중요한 단계가 아닐까 생각한다. 그리고 그것은 여행이나 단기봉사 활동과 같이 짧은 기간의 소통을 하게 될 때와 오랜 시간 함께 할 계획이 있을 때로 나누어 생각해볼 수 있다.

단 며칠을 만난다고 하더라도, 여행 책자 속 인사말과 간단한 회화표현 정도나마 배워가려는 태도는 조금이라도 더 상대를 알고 싶고, 상대에게 더 가깝게 다가가고 싶다는 마음의 표현이다. 그리고 상대방은, 분명하게 그 마음을 느낄 수 있다.

그 사실을 나는 탄자니아로 단기봉사를 데리고 왔던 우리 학생들을 보며 깨달았다. 지난 3년간, 한국의 대학생들과 함께 탄자니아로 4

번의 단기 봉사활동을 다녀온 적이 있다. 준비와 파견 기간이 짧은 단기 봉사활동의 경우, 현지어를 배운다 해도 언어학습의 특성상 많은 내용을 습득하기 어렵다. 그 사실을 서로 너무 잘 알지만, 조금이라도 더, 한마디라도 더 아이들과 소통하기 위해 우리 학생들은 현지어 회화책을 매일매일 손에 들고 다녔다.

40분 수업 15분 휴식, 5분 수업 준비로 진행되는 교육 봉사활동 일정에서, 40분간의 수업을 마치고 나면 힘들 법한데도, 우리 학생들은 현지 아이들과 더 많은 이야기를 하고 싶은 마음에 옹기종기 둘러앉아 회화책을 가운데 펼쳐놓고 단어를 찾아가며 말을 나누곤 했다. 그렇게 하루 일정이 끝나면 보통 우리 학생들은 아이들에 관한 정보를 다 파악할 수 있었다. 누구는 이렇고 누구는 저렇고 하는 저녁식사 시간의 소소한 잡담으로 시작하여, 누구에게는 이렇게 해주어야 하고 누구에게는 저렇게 해주어야 하는 등 다음 활동에 참고하면 좋은 이야기로 이어져 모두가 밤늦게까지 수다를 떨곤 했다.

일학년 반 교실은 체력이 좋아야 한다. 조금만 시선을 돌리면 산만해지기 때문이다. 방법은 한 가지뿐이다. 나는 네가 한 번만이 아니라 계속 궁금하다는 사실을 알려주는 것. 그런데 한 반에 아이들 인원수는 많고, 한 반에 배정된 우리 팀원 수는 매우 적으니, 마치 내가 열 명인 것처럼 교실을 뛰어다니는 수밖에.

이렇게 아이들과 더 많이 대화하고 알아가려는 노력 덕분에 아이들도 우리 학생들에게 마음을 열고 애정을 듬뿍 표현한다. 그리고 활동 마지막 날에는 우리 학생들과 아침부터 한시도 떨어지지 않겠다는 듯이 앞뒤 좌우로 붙어 다닌다. 헤어지는 순간에도 떠나는 차의 뒤를 따라오며 펑펑 우는 아이들을 차창 밖으로 볼 때마다, 우리 학생들의 관심과 애정과 노력을 아이들 역시 온전히 느꼈음을 짐작할 수 있었다. 함께 보낸 시간이 고작 5일 정도뿐이었는데도 말이다.

그러한 관심 가득한 노력에도 불구하고, 우리 학생들은 매번 같은 아쉬움을 토로하곤 한다. 수업을 영어로 할 수밖에 없었던 한계에 대해. 예를 들면 이런 것이다. 파견지에서 교육 활동을 할 때, 우리 학생

눈이 마주칠 때마다 치켜들어주던, 애정 가득한 엄지

들은 영어로 교안을 마련해간다. 그리고 준비한 교안으로 수업을 진행하게 되는데, 대부분의 저학년 아이들은 영어를 이해하지 못하기에 고학년 학생 또는 학교 선생님에게 현지어로 통역을 부탁하여 내용을 전달하게 된다. 그러다 보면 어느새 앞쪽 중앙에는 통역자가 서 있고, 아이들은 통역자를 바라보고 있으며, 우리 학생들은 교탁 옆 구석에서 준비해온 내용을 통역자에게 열심히 알려주는 장면이 연출된다.

단기 교육 봉사는 준비와 활동 모두 시간의 제약이 있어서 이러한 상황이 나타나는 건 어쩔 수 없음을 모두 이해한다. 그럼에도 우리 학생들은, 현지의 아이들에게 새로운 경험을 선물하는 순간에, '직접' 전달하지 못한 것이 큰 아쉬움으로 남는다며 나에게 주는 롤링 페이퍼에 숱하게 털어놓곤 했다. 그런 속마음을 읽고 들을 때마다, 나 역시도 많이 아쉬울 뿐이었다.

경유하지 않고도 통할 수 있다면, 더 빨리 너희에게 닿을 수 있을 텐데.

상대의 언어를 알아간다는 것은 2

이런 한계가 짧은 기간의 만남에서는 아쉬움 정도에서 그칠 수 있지만, 오랜 기간 함께 생활할 것을 계획한 경우에는 작지 않은 문제를 남길 수 있다.

내가 전달하고 싶은 말이 항상 중간자를 통해 전해지고 상대방이 하는 말도 항상 중간자를 통해 듣게 된다. 내 뜻이 온전히 전해지고 있는지, 혹은 어떤 뉘앙스로 전달이 되는지는 전달자만 정확히 알 수 있다. 나에게 전달된 상대방의 말뜻이 진정 그러한지도 전달자만 알 수 있을 뿐이다. 이러한 상황이 오래 지속되면 나와 상대방은 서로에게 신뢰를 쌓기 어려울 수 있다.

그리고 몹시 나쁜 경우에, 나와 그들 사이에 부정적인 위계관계가 만들어질 수 있다. 내가 상대방을 무시할 의도가 없다고 하더라도, 현지에 살면서 그들의 언어를 배우지 않고 오랫동안 함께 생활하다 보면, 내가 소통하는 사람들은 '영어(영어권 국가의 경우)를 배운 사람들'로 한정되기 마련이다. 그렇게 생겨난 '영어를 배우지 못한' 사람들과의 거리감은 의도치 않게 나를 어려운 사람으로 인식하도록 만들 가능성이 크다.

그러니까 부디, 우리나라가 아닌 다른 지역에서 오랜 기간 활동할 계획이 있다면, 꼭 그들의 언어를 배우라고 권하고 싶다. 상대의 언어를 알기 위한 노력은 기능적 가치를 넘어, 그들의 삶에서 함께하려는

나와 마주 보고 있는 아이카만이 나와 말이 통하는 아이였다. 옆의 어린 친구들은 아직 학교에 다니지 않아 마사이어(부족어)밖에 할 줄 몰라서 스와힐리어로도 소통이 어려웠던 탓이다. 옆에서 열심히 종알종알하는 아가들이 뭐라고 하는지 다섯번 쯤 물어봤는데 아이카는 대답도 안 하고 자기 말만 했다. 치사한 것...

나의 마음과 의지를 상대에게 온전히 전달하는 데 꼭 필요한 첫 번째 단추를 채우는 일이다.

난 산타클로스가 아니야.

내가 업무상 주로 다녔던 아프리카 국가는 탄자니아와 말라위인데, 국가를 불문하고 아이들이 있는 곳에 갈 때마다 생각한다. 선물을 기대하는 전 세계 아이들의 기도를 듣는 산타클로스도 쉽지 않은 직업일 것 같다고. 특히 외국인을 보면 선물을 달라고 따라다니는 (수많은) 아이들의 손길을 방어할 때마다.

처음에는 아이들이 달라고 하는 선물이란 게 주로 연필이나 색깔 있는 볼펜과 같이 소소한 것들이어서 대수롭지 않게 생각했다. 그런데 이게 심각한 문제가 될 수 있다고 깨닫게 된 사건(?)을 몇 번 마주한 뒤로는 절대로 선물을 함부로 주지 않게 되었다.

선물을 달라고 따라다니다 못해 억지로 가방을 뒤지려는 애들도 있다. 놔라... 웃으면서 말할 때...

함께 지내는 동안 내가 익숙해진 마을 아이들 몇몇이 (선물로) 돈을 달라는 말을 툭툭 꺼내기 시작했다. 처음 몇 번은 당황하여 없다고 대답하며 자리를 피하고 말았는데, 그 말을 인사처럼 자주 듣게 되면서 점점 선물이라는 단어에 민감해지기 시작했다. 더 큰 문제는 이런 아이뿐만 아니라 내가 무언가를 주어야 한다는 걸 당연하게 여기거나 바라는 어른도 많다는 것이었다.

예를 들면 "말라리아에 걸렸는데, 돈이 없어서 약을 못 사니 약값 좀 줘(심지어 주기적으로)"라든지, "한국 갈 때 그 전화기 나 주고 가"라는 말을 아무렇지 않게 하는 것. 같이 길을 가다가 간단한 간식거리를 사 먹을 때 매번 당연히 내가 계산하도록 뒤로 빠져있는 것. 심지어는 업무상 만난 초등학교 교장 선생님이 "다음에 올 때는 옥수숫가루와 같은 급식용 식료품을 사서 들고 오라"는 말을 습관처럼 던지는 것(이 경우는 그냥 던지는 말이 아니라, 주지 않으면 업무에 적극적인 협력을 받기 어려울 때도 있다) 등.

이 외에도 아주 많지만. 어쨌든, 그래서 어느 순간 나는 그런 말을 들을 때마다 대응(?)하기 시작했다. "휴대전화 여기 두고 가"라는 말을 아무렇지 않게 하는 상대방에게 나는 기기의 값을 36개월 동안 일해서 (번 돈으로) 갚아야 하는 빚쟁이임을 구구절절 말하니 놀라며 입을 다물었다. 물론 그 이후에도 소소한 것들은 자기에게 달라는 말을 은근슬쩍 던지기는 했지만, 당연하고 당당하게 내놓으라는 태도는 조금 줄어든 것 같았다. 또 어느 날은 같이 주전부리할 간식을 사러 갔던 때였다. 함께 먹을 간식을 살 때마다 항상 내가 돈을 냈었으나, 그날은 먼저 계산하지 않고 가만히 기다려 보았다. 그러자 곧 그들은 (내가 계산하는 것을 깜빡 잊은 줄 알고) "계산 안 하고 뭐 해?"라고 묻는 듯한 시선으로 나를 바라보는 것이었다. 그래서 나는, 그날만큼은 무슨 오기가 생겼는지 "이번 주는 내가 생활비가 부족하니 (너희들이) 나도 좀 사달라"고 말하고 마침내 얻어먹는 데 성공했다.

이런 소소한 대응을 계기로, 대화를 나눌 기회가 생겼다. 선물의 의미, 외국인은 돈을 쉽게 많이 벌 것이라는 편견, 다른 사람에게 물질적인 것을 당연히 바라는 태도와 그것을 따라 하는 당신의 아이들에 관해. 그리고 생각해보았다. 이러한 현실에 나와 우리의 기여는 없었는지를. 이제 와 잘못을 따지려는 게 아니라, 자라나는 아이들에게 잘못된 관념을 물려주지 않으려면 우리의 태도가 어때야 할지를 고민해야 했으므로. 그리고 그 해답은 아주 우연히도, 그리고 아이러니하게도 내가 그곳의 아이들로부터 받은 '선물'을 통해 찾을 수 있었다.

탄자니아 모시의 어느 마을에서 아이들의 공부를 봐준 적이 있다. 그 시간이 자기들에게 필요하다고 여겼던 건지, 그저 재미있었던 건지는 모르겠지만 아무튼 열심히 공부하러 나왔다. 그러던 어느 날, 아이들이 나에게 '선물'이라며 망고 몇 개를 내밀었다. 고마움을 표현하고 싶은 마음에 나에게 오는 길에 망고나무 근처에서 열심히 망고를 주워온 것이다(키가 작아서 직접 따지는 못한 것 같다). 생각지도 못한 선물을 받고 눈물이 핑 돌았다. 망고를 실컷 먹을 수 있어서...가 아니라, 나를 생각하며 망고보다 작은 손으로 열심히 망고를 주워왔을 아이들의 마음과 그 시간에 감동하고, 감사해서.

결국 답은, 마음이었다. 다른 목적 없이 그저 내가 기뻐할 모습을 생각하며 망고를 땄을 아이들의 사랑 가득한 어린 마음. 선물은 그런 것이어야 한다. 그 수단이 물질적인 것이 될 수밖에 없다면, 적어도 하얀 도화지 같은 아이들에게 선물을 줄 때는 아이들을 생각하는 사랑 가득 담은 마음이 전해질 수 있도록 해야 한다.

그래서 그 마음이 상대에게 오롯이 닿는다면, 상대도 선물의 의미를 단순히 물질적 가치로만 기억하지는 않을 것이다. 그리고 그렇게 자란 아이들이 어른이 되어 만들어 가는 세상은 더 평화롭고 사랑 가득한 곳이 될 수 있지 않을까 생각해 본다.

콧물 따위가 나의 학구열을 막을 수 없지.

나의 사소한 생각과 행동이
나와 당신, 그들이 사는 세상에,
그리고 우리 사이의 평화를 지킬 수 있기를 바라며.

마침.

최이슬 세라피나

지금은 대학원에서 공부 중이지만, 작년까지 개발협력분야에서 일하면서 느꼈던 점들을 기록했다. 개발협력사업은 사람의 삶에 직접 영향을 주는 일이어서, 그들을 존중하며 임하지 않으면 오히려 그곳의 평화를 망칠 수 있다고 생각한다. 나의 마음이 부디 이 글을 통해 잘 전달될 수 있기를.

8. '노트르담의 파리'로 본 유럽의 두 얼굴

태희준

자유·평등·박애를 찾아요

〈노트르담의 파리〉라는 뮤지컬을 아시나요? 〈노트르담의 꼽추〉라는 소설을 원작으로 한 뮤지컬인데요. 소설 〈레미제라블〉의 작가로도 유명한 19세기 프랑스 소설가 빅토르 위고Victor Hugo의 작품이에요. 그는 많은 사람에게 자신의 글을 통해 사회적 약자의 시각에서 세상을 바라보는 눈을 선물해주었죠. 뮤지컬 〈노트르담의 파리〉의 첫 장면도 클로팽Clopin이라는 한 부랑자와 그의 무리가 노트르담 대성당 광장에 모여 시위하는 장면으로 시작해요. 클로팽은 '자유'liberté, '평등'égalité, '박애'fraternité를 표방하는 프랑스에서 사회적 차별이 없는 세상을 꿈꿨었죠. 그런데 대성당의 신부 프롤로Frollo와 근위대장 페뷔스Phoebus를 비롯한 파리의 시민들은 클로팽이 "사회의 안녕과 질서를 문란케 한다"는 이유로 그의 무리를 야멸차게 내쫓아요. 이처럼 이 뮤지컬은 특정 사회 집단에 배타적이고 차별적인 프랑스 사회를 고발하고 있어요.

〈노트르담의 파리〉는 1482년의 프랑스를 배경으로 하고 있지만, 사실 현대 유럽 사회의 모습도 뮤지컬에서 설정된 배경과 크게 다르지 않은 것 같아요. 만약 프롤로와 페뷔스로 대표되는 15세기의 유럽 사회가 클로팽으로 대표되는 유랑민족에 배타적이었다면, 현대의 유럽은 이민자, 특히 그중에서도 이슬람 문화권 출신의 난민을 여전히 차별하고 있거든요. 이러한 차별은 분명 유럽인들이 표방하는 '공화 정신'에 모순되는 상황이에요. 그럼에도 불구하고 "클로팽의 무리가 우리의 안녕과 질서를 문란케 한다"는 뮤지컬 속 파리 시민들의 논리는 여전히 현대 백인사회에서 지배적인 대중심리로 작동하고 있어요.

출처: mariella.matera의 Flickr 계정 ⓒⓒ

부랑자 클로팽은 자유·평등·박애(공화정신)를 표방하는 프랑스 사회에서 사회적 차별 없는 세상을 꿈꿨어요.

지난 2016년 8월 프랑스 남부 지방의 어느 식당에서 "모든 무슬림은 잠정적 테러리스트"라며 손님을 거부했던 사건이 세계적으로 화제가 됐어요(한겨레, 2016년 8월 29일). 이처럼 프랑스에서는 지난 2015년 파리 테러와 2016년 니스 테러 이후로 특정 인종 혹은 종교적 배경을 가진 사람에 대한 차별과 혐오가 노골적으로 표출되고 있어요. 그러한 사회적인 분위기 속에서 '반反이민·반反난민·반反이슬람·반反EU' 기치를 내세운 프랑스 극우 정당의 르펜LePen 후보가 지난 2017년 대통령 선거에서 결선에 진출하기도 했죠.

당시 그녀는 프랑스의 대선을 "애국자들과 글로벌주의자들의 대결"로 묘사했어요. 그리고 투표에 참여했던 프랑스 국민 중 1/3이 그녀를 지지했죠(한국일보, 2017년 2월 5일). 이러한 극우 포퓰리즘 돌풍은 비단 프랑스뿐만 아니라 독일, 오스트리아, 체코, 헝가리, 스칸디나비아의 북유럽 국가들에서도 예외 없이 나타났어요. 극우 정당들은 낮게는 12.6% 높게는 44.9%의 지지율을 얻으며 유럽 각지에서 득세했어요.

출처: mariella.matera의 Flickr 계정 ⓒ

많은 프랑스 국민이 극우 정당 소속의 르펜 후보를 지지했어요. 르펜 후보가 프랑스 대통령선거의 결선까지 올라가게 될 줄 누가 알았겠어요?

> 우리는 과연 이처럼 배타적인 사회에서 다시 평화를 찾을 수 있을까요?

평화는 위선자를 원하지 않아요

유럽의 극우 정당들은 테러의 책임을 '클로팽의 무리'에게 돌렸어요. 유럽 사회가 수용한 난민들 중 이슬람 극단주의 세력이 유입되었다는 것이 그들의 논리였죠. 극우 정당들은 테러에 대한 유럽인들의 분노와 반감을 자극해서 프롤로와 페뷔스처럼 클로팽의 무리를 추방할 것을 요구했어요.

그런데 과연 유럽의 테러는 난민 수용이 낳은 부작용이었을까요? 과연 호전성과 폭력성은 특정한 문화, 종교 또는 민족에 내재된 문제일까요? 이러한 논리에 입각해서 최근 유럽에서 확산되고 있는 이슬람혐오주의와 반난민·반이민주의 문제의 정당성을 다시 생각해볼 필요가 있는 것 같아요.

폭력은 과거와 현재의 다양한 난제들이 복잡하게 얽혀있는 문제에요. 따라서 우리는 폭력을 야기한 원인들을 더 포괄적으로 살펴보아야 해요. 예를 들어 유럽인들의 입장에서 테러의 피해자는 당연히 자기 자신들이에요. 반면에 클로팽의 입장에서 가해자는 유럽인들일 가능성도 있어요. 유럽인들이 폭력적 극단주의의 피해자가 된 것은 사실이지만, 피해자도 가해자일 수 있고, 가해자도 피해자일 수 있다는 사실을 모르는 척 할 수는 없잖아요?

돌이켜보면 과거에 유럽인들은 클로팽의 고향에 먼저 무단으로 침입했어요. 그곳을 수탈했고 그때 형성된 세계의 불평등한 경제구

조가 현재에도 그곳 사람들을 착취하고 있어요. 그랬던 유럽인들이 오늘날에는 자신들의 고향인 유럽으로 클로팽의 무리가 들어오는 것을 막으려고 해요. 한양대학교 정치외교학과의 최진우 교수도 '유럽은 그러한 역사를 반성하거나 식민사회에 공식적으로 사과 혹은 화해를 청한 적이 없다'고 비판했어요(최진우, 2013). 그에 의하면 오늘날 유럽 사회가 과거 식민 사회에 원조를 제공하는 행위도 많은 경우 유럽인들의 정치·경제적 이익을 추구하는 위선이라고 해요. 이러한 문제들로 미루어보면 유럽의 테러는 피해자와 가해자를 완벽하게 가려내기 어려운 복잡한 문제인 것 같아요.

물론 테러리스트들도 피해자일 수 있다는 사실을 생각해보기란 쉽지 않아요. 특히 그런 사람들에게도 그럴만한 사연이 있다는 이유로 극단적인 선택을 한 그들을 옹호하고 포용하기도 어려워요. 어쨌거나 그들은 폭력을 정치적 수단으로 사용하는 집단이기 때문이죠. 그래서 유럽의 역사적 책임 논리를 내세우면서 극단주의를 이해해보려는 접근법도 시대착오적인 방식이에요. 그래도 '자기보호'나 '정당방어'를 가장한 유럽의 극우 포퓰리즘 돌풍을 비판적으로 바라볼 필요는 있어요. 극우 포퓰리즘 역시 일종의 사회적 폭력일 뿐만 아니라 백인 및 자민족 우월주의의 무책임하고 자기모순적인 억지 논리이기 때문이에요.

'자국민을 우선하자. 자국민을 보호하자'는 극우 포퓰리즘의 가치를 무조건 비난하기는 어렵지만, 그것이 편향적이고 자기모순적인 논리임은 분명해요. 세계화시대에서 진정한 '평화'와 '공존'을 모색하

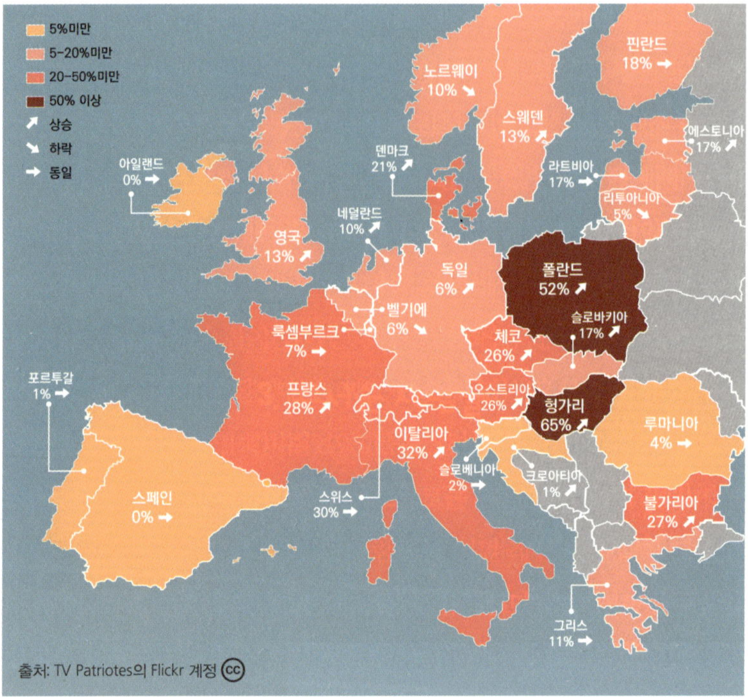

2012–2014년 유럽의 극우정당 득표율

는 사람들이라면 모든 갈등과 폭력의 문제는 쌍방의 입장에서 사회윤리적·자기비판적·자기성찰적으로 바라볼 수 있어야 해요.

특히 사회적 강자의 위치에 있을수록 강자들이 누리는 특권에는 책임이 뒤따른다는 사실을 우리는 잊지 말아야 해요. '자국민을 우선하고 보호하자'는 주장은 개인의 정신적·육체적 자유를 보장하는 민주주의 국가에서는 당연하고도 정당한 권리로 인식되고 있어요. 그런데 내 권리를 보호하는 것만큼 타인의 권리와 자유를 지켜주는 책임 역시 중요해요. 우리도 '내로남불'내가 하면 로멘스 남이 하면 불륜의 잣대로 세상을 판단하는 위선자가 되지 않으려면요.

내가 아프다고 남의 아픈 점이 보이지 않는다면,
그건 너무 이기적인 세상 아닌가요?

평화의 첫걸음은 '관심'이에요

많은 사람들이 난민수용과 이슬람 극단주의 세력의 유입 및 테러리즘이 서로 관련이 있다고 주장했어요. 하지만 그런 이야기를 접할 때마다 이 문제의 답은 처음부터 정해져 있었다는 인상을 받기도 해요. 한편 유럽 사회가 유독 난민과 이민자에 대해서 막연한 불신과 편견을 갖고 있다는 문제를 지적하는 사람은 흔치 않아요. 과연 유럽 테러의 사실과 진실은 무엇이었을까요?

2015년 파리에서. 2016년 니스, 베를린, 런던에서. 2017년 스톡홀름과 맨체스터 등 유럽 각지에서 테러가 연이어 발생했어요. 이러한 테러 경험은 유럽 사회에 '자민족 보호주의' 논리를 관철시키기 위한 근거로 충분했어요. 만약 제 이웃이 테러의 희생자가 되었다면, 아마 저였어도 처음에는 '우리의 안녕과 질서를 위협하는' 집단에 위협감과 분노를 자연스럽게 느꼈을 것 같아요. 그러나 자연스러운 감정이 항상 합당하고 정당한 것은 아니잖아요? 그렇기 때문에 우리는 클로팽의 무리를 추방하려는 유럽 극우 정당들의 논리가 과연 정당한 논리인지에 대해 한번쯤은 검토해볼 필요가 있어요.

정당한 논리는 문제의 당사자들도 인정할 수 있는 공평한 근거를 제시할 수 있어야 해요. 내가 신뢰하는 누군가가 나에게 전하는 말들이 모두 사실일 수 있지만 사실의 전부가 아닐 수 있고, 때로는 왜곡된 정보일 수 있기 때문에 그러한 사실관계를 확인하는 과정이 중요해요. 그럼 유럽 테러를 둘러싼 사건들 속의 사실들을 정리해볼게요.

하나, 테러의 용의자들이 공통적으로 무슬림이었다는 점은 사실이에요. 하지만 이러한 사실만으로 그들의 테러 동기가 이슬람 근본주의에서 비롯되었다고 단정할 수 없어요.

둘, 유럽에서 이슬람 문화권 출신 난민이 급증하고 있는 현상도 사실이에요. 그러나 그러한 현상에만 입각해서 난민 수용이 이슬람 극단주의 세력의 유입으로 이어졌다는 논리도 근거가 충분하지 않아요.

지난 유럽의 테러 사건들 속에서 많은 사람이 관심을 갖지 않았던 사실들이 있어요. 바로 파리와 니스 테러의 용의자들이 대부분 벨기에와 프랑스 국적의 유럽시민이었다는 점이에요. 즉, 그들은 난민의 신분을 빙자해서 유럽에 들어올 필요가 없는 내부자들이었다는 점이죠. 베를린·스톡홀름·런던 테러 역시도 사회에 극심한 불만을 품고 있던 용의자 개인들에 의한 '자발성 테러'였다는 사실이 법원에서 밝혀졌어요. 그럼에도 불구하고, 유럽 각지에서는 이슬람혐오주의·반난민·반이민주의를 표방하는 극우 포퓰리즘 돌풍이 불고 있어요.

갈등 속에서 화해와 평화를 찾는 길은 내가 제대로 알지 못하는 진실의 영역을 파헤치는 노력에서 출발해요. 그런 의미에서 극우 포퓰리즘을 지지하거나 묵인했던 사람들은 자신이 보고 싶은 빙산의 일각만 보면서 수면 아래의 문제들에 대해서는 무심했던 것 같아요. 독일의 근대철학자 칸트Kant도 '거짓말과 타인을 오도할 수 있는 사실'은 우리가 바라는 진실과는 구분될 필요가 있다고 지적했어요 (Sandel, 2008).

2015년 11월 13일 프랑스 파리 축구장, 극장, 식당 등에서 동시다발적으로 테러가 일어나 350여 명의 사상자가 발생한 사건의 추모식 장면이에요. '파리 테러'의 배후에는 극단주의 무장단체인 '이슬람국가'(IS, 자칭 이라크레반트 이슬람국가)가 있었지만, 사실 용의자 17명 중 3명을 제외한 14명은 놀랍게도 난민이 아닌 프랑스 혹은 벨기에 국적의 청년이었어요.

즉, 평화의 첫걸음은 보이지 않는 빙산의 아랫면을 보고자 노력하는 우리의 '관심'에서 출발해요. 평화를 원하는 사람의 시선은 '나의 눈높이'가 아닌 아무도 관심을 갖지 않는 '아래'로 향해야 하는 것이에요. 타인에 대한 관심과 배려가 한 공동체 안에서 살아가는 사람들이 가져야 할 책임감이잖아요. 그러니 빙산 전체를 보려는 노력 없이 섣불리 판단하는 사람들은 공동체 시민의 책임을 스스로 포기하는 사람이나 마찬가지에요. 그렇다면 최소한 편견에 의한 섣부른 판단은 잠시 멈추는 것이 좋지 않을까요?

만약 사회가 그러한 책임을 포기한다면,
그 피해를 누가 받게 될지는 생각해보셨나요?

평화의 두 번째 걸음은 '역지사지'에요

테러 용의자들이 무슬림이었다는 사실만으로 이슬람이 폭력적인 종교라고 주장하는 것, 따라서 그 종교에 속한 사람들은 극단적인 길을 선택할 경향이 높다고 주장하는 것, 이제는 모두 잘못된 편견이었다고 할 수 있어요.

이러한 논리는 마치 기독교 국가인 미국에서 발생한 일련의 총기난사 사건의 용의자가 백인이었다는 사실을 들어 기독교는 극단적인 종교라고 주장하는 것과 같아요. 물론 이슬람의 경전을 극단적으로 해석하는 '근본주의자'라는 사람들이 존재해요. 하지만 만약 우리가 그런 '근본주의자'들로 인해 클로팽의 무리 전체에 대한 편견을 가지게 된다면, 혹자가 동일한 잣대로 기독교인들을 일반화해서 비판할 때 기독교인들도 무슬림과 똑같은 입장에 처하게 되는 것이죠.

예를 들면 위키피디아Wikipedia라는 온라인 백과사전은 미국 쿠클럭스클랜Ku Klux Klan을 "기독교 근본주의"로 설명하고 있어요. 마찬가지로 유럽인들이 과거 식민지에서 저지른 만행들이 "근본적"으로 기독교 사상에서 비롯되었다는 주장들도 존재해요. 기독교인들의 입장에서는 정말 어처구니가 없는 주장들이죠. 결국, 문제를 어느 관점에서 바라보는가에 따라서 모든 게 정말 허무맹랑한 소리처럼 들릴 수도 있고, 합리적인 주장처럼 들릴 수도 있는 것이에요. 기독교나 이슬람 모두 실천적 평화와 사랑을 가르치는 종교인데 말이죠.

이들 종교와 관련한 문제는 대부분 인간의 자의적인 판단과 교리의 악용으로 인해 발생해요. 그래서 폭력은 어떤 종교적인 동기에서 비롯되기보다 사회적으로 구성된다고 할 수 있어요. 아마도 모든 기독교인과 무슬림도 극단적인 교도들과 동일시되는 것을 싫어할 거에요. 그럼에도 불구하고 유럽의 극우 정당들은 클로팽의 무리 전체를 일반화해서 비난하고 그들을 추방하려고 해요.

만약 극단주의자들의 공통점이 '이슬람'이라는 종교였다면, 반대로 지난 테러 발생 지역의 공통점은 '서유럽'이라는 사실에도 주목해볼 수 있어요. 서유럽이 표적이 되었던 나름의 이유들도 분명히 존재할 거예요. 하지만 대부분의 사람들은 자신의 잘못이나 책임에 대해 성찰해보기는커녕 남 탓하기 바빠요. 평화의 두 번째 걸음이 '역지사지易地思之'에서 출발하는 이유도 바로 거울에 비친 내 모습부터 제대로 알아야 남들이 불만을 갖고 있는 나의 잘못도 알 수 있기 때문이죠.

> 남에게 손가락질을 했을 때 검지를 제외한 나머지 손가락들은 내 자신에게 향한다는 사실을 알고 계신가요?

2018년 8월 독일의 반난민 · 반이민자 · 반이슬람 시위에서 군중이 "외국인은 떠나라!"라는 천막을 흔들고 있는데 무척 슬픈 장면이네요.

평화의 세 번째 걸음은 '자성'이에요

이민자와 난민에 대한 유럽인들의 태도가 자성自省의 필요성을 일깨워주는 좋은 예라고 생각해요. 대체로 유럽인들은 자신들이 이민자와 난민에 대해 호의적이고, 개방적이고, 그들에게 인도주의적인 책임을 다하고 있다고 생각하고 있기 때문이에요.

하지만 애초에 자신이 '호의를 베풀고 있다' 혹은 타인을 위해 '희생하고 있다'고 생각하는 사람들은 대개 혼자만의 착각 속에 살고 있어요. 그런 위선자는 유럽에서 테러가 발생한 이유를 이해하지 못해요. 특히 유럽의 대표적인 이민자 사회이고, 난민에 대한 처우도 비교적 좋은 독일과 프랑스에서 테러가 발생한 역설을 이해할 수 없어 해요. 위선자의 '내로남불'식 상식에서 자신은 늘 호의를 '베풀었던' 사람이기 때문이죠. 결국 그들은 테러가 과도한 유럽의 인도주의와 난민 수용 때문에 발생했다고 사람들을 선동했어요.

하지만 독일과 프랑스 사회의 내부를 자세히 살펴보면, 극심한 사회·경제적 불평등과 인종차별 등 언제 터져도 이상하지 않을 시한폭탄과 같은 문제들이 산적해 있어요. 예를 들어 프랑스와 독일의 주요 도시들은 프롤로 같은 백인들이 모여 살고 있는 부촌과 클로팽 같은 이민자 및 난민이 거주하는 빈민촌으로 대체로 나누어져 있어요. 또한 노동시장의 인종별 인구분포 역시 외국인·이민자 인구가 최하위 계층에 밀집해 있어요. 하지만 그보다 심각한 문제는 그러한 현실이 당연하다고 생각하는 유럽인들의 태도예요. 특히 유럽인들은 난민과 이민자들이 유럽에서 평등한 기회와 보살핌을 받고 있다고 믿고 있어요. 오히려 자신들의 '관대함'에 불만이 있는 사람은 추방되어야 한다고 주장하죠. "불만이 있으면 너희 나라로 돌아가라"와 같은 차별적인 지적은 일상에서 흔히 일어나는 일들이에요.

이처럼 자기중심적이고 배타적인 태도가 모든 갈등의 기원이 되는 것이에요. 다시 생각해보면 '내가 누군가에게 관용을 베풀고 있다'는 심리도 이미 이기심과 교만으로 가득한 상태인 것이죠. 클로팽이 자신의 고향을 떠나야 했던 이유 중에는 세계의 경제적 불평등 구조가 큰 부분을 차지하고 있었던 것이 사실이에요. 만약 클로팽이 자신의 고향에서도 윤택한 삶을 살 수 있었다면, 굳이 집과 가족을 떠날 이유가 없었을 테니까요. 따라서 클로팽이 고향을 떠나게 된 것과 이제 와서 유럽을 다시 떠날 수 없는 것도 어쩌면 같은 이유예요.

하지만 그런 클로팽의 입장에 대해 생각해보는 사람은 극히 드물어요. 오히려 '우리는 클로팽에게 혜택을 제공하고 있는데 정작 클로팽은 불화만 일으키는 은혜도 모르는 인간'이라고 단정하는 사람들이 더 많아요. 세계의 경제 불평등 구조를 만든 장본인은 오늘도 여전히 그 덕에 많은 혜택을 누리고 있는데, 그중 대다수는 자신들이 희생한 사실밖에 보지 못해요. 따라서 우리에게 '자성'이 필요한 이유는 우리 역시 페뷔스와 프롤로 같은 위선자가 되지 않기 위함이에요. 우리는 내가 사회적 약자라는 착각과, 강자들의 무책임한 논리에 설득되지 말아야 해요. 우리는 스스로 사고하고, 필요하다면 사과할 수 있는 현대 사회의 멋진 시민들이기 때문이죠.

과연 당신은 당신보다 약자인 타인의 아픔을 공감할 수 있나요?

세계화의 평화윤리와 실천적 평화

독일의 현대 철학자 벡Beck은 유럽을 '이기주의자들의 연합'이라고 불렀어요. 그는 유럽이 오늘날 누리고 있는 권력은 "민주적 정당성이 애초에 결여된" 권력이고 서구 사회는 "민주적 승인도 없이 세계를 자기 마음대로 통제하고 있다"고 비판했어요. 무엇보다 벡은 외국인과 이민자들을 포용하는 행위가 "자비의 실천Gnadenakt이 아닌 민주 사회의 당연한 책임demokratische Selbsverständlichkeit"이라고 말했어요(Beck, 1997). 이처럼 그는 현대 사회가 진정한 '세계시민의 시선'에서 세계를 바르게 바라보기를 바랐어요.

그의 제안처럼 세계화 시대의 평화윤리는 '탈민족화'되고 '탈국가화'된 문제의식이라고 할 수 있어요. 유럽의 민주주의가 나아가야 할 방향은 '자민족 보호주의'가 아닌 과거로부터 잘못 상속되어온 '세계화'의 유산으로부터 역주행하는 것이어야 해요. 최근에 유럽이 경험한 폭력은 궁극적으로 국제적·사회적·경제적 불평등이 낳은 결과였어요. 즉, 오랜 기간 동안 일방으로만 향하던 폭력이 부메랑처럼 돌아오게 된 것이죠. 때문에 유럽인들은 그러한 폭력의 책임을 마냥 클로팽의 무리에게만 돌릴 수 없는 것이에요.

폭력은 새로운 폭력을 낳고 언젠가는 최초의 발단지로 부메랑처럼 돌아가요. 폭력으로 만들어진 세계화의 부작용도 그렇게 최초의 발단지로 향했던 것이고요. 따라서 유럽의 테러는 유럽과 기독교 사회에 대한 부정이 아닌, 잘못된 세계화에 대한 불만의 표출이었다고 할 수 있어요. 결국, 이 문제는 세계화의 이익을 가장 많이 누리는 당사자들이 직접 해결하지 않으면 언젠가는 재발하게 될 거예요. 이처럼 겉으로는 평화를 외치지만 자신이 의식적으로 혹은 무의식적으로 행하고 있는 폭력은 묵인하는 유럽은 두 개의 얼굴을 갖고 있어요. 결국 그들이 꿈꿨던 평화는 모두에게 보편적인 평화가 아닌 강자인 자신들만의 평화였던 것 같아요.

공평한 '똘레랑스tolerance'를 구애했던 15세기 클로팽의 무리는 추방당했고, 21세기 클로팽의 무리도 현재 같은 위기에 처해있어요. "클로팽의 무리가 사회의 안녕과 질서를 문란케 한다"는 프롤로와 르펜의 억지논리에 사람들이 동요되는 현상을 보면서, 유럽의 '공화정신'이 여전히 근대에 머물러 있다는 사실을 다시금 확인하게 되었어요. 이번 글에서는 세계화의 시대에 현대사회가 과연 타 인종과 종교, 출신과 문화에 대해 정말 '관용적인지', 현대의 보편적 가치로 꼽히는 관용, 즉 '똘레랑스'의 자기모순성에 대해 재고해보고, 그것이 앞으로 지향해야할 방향을 고찰하고자 했어요.

그렇다면 과연 세계화 시대의 평화윤리는 무엇일까요? 벡은 "민주주의가 빈곤을 얼마나 소화할 수 있고, 사회적 공정화를 실행할 수 있는지"의 여부에 달려 있다고 했어요. 결국 자기중심적으로 살아가는 현대인들이 주변에서 일어나는 불의와 불행에 대해 얼마나 많은 관심을 가지는지의 여부, 사회의 일원으로 마땅히 져야 할 개개인의 책임을 실천하는지의 여부, 타인의 잘못을 지적하기에 앞서 상대방의 입장에서 역지사지로 생각해보는 여유, 무엇보다 자신을 돌아보면서 자성할 수 있는 용기와 양심을 스스로 지켜낼 수 있어야 우리는 평화를 실현하고 유지할 수 있는 것이에요.

평화는 단순한 문제의식만이 아닌 실천을 통해서만 달성될 수 있어요. 나아가 실천은 행위자가 아닌 받는이의 시각에서, 사회적 강자가 아닌 약자의 시각에서만 출발할 수 있어요. 받는이의 입장을 고려하지 않는 실천은 그저 나의 관심을 관철하기 위한 위선행위에 불과해요.

결국 평화는 약자들의 시각에서 출발한다고 할 수 있어요.
그것이야말로 기독교와 이슬람을 포함한 세상의 모든 종교의
'근본'이 되는 평화와 사랑의 교리이지 않나요?

세상을 포용하는 브라질 '리오 데 자네이로'라는 도시의 예수님 동상이에요. 모두가 자신의 일상에서 평화를 실천하며 살아간다면, 오늘보다 아름다운 세상이 만들어지지 않을까요?

태희준 보니파시오

필자는 서울대학교 정치외교학부를 졸업하고 동 대학원 석사과정에 재학 중이다. 뮤지컬 <노트르담의 파리>에서 제기되는 사회적 편견과 차별에 대한 문제의식을 테마로, 현대 사회에서 결여된 평화윤리와 현대인들이 일상에서 실천할 수 있는 평화에 대해 고찰해보고자 했다.

9. '보편적 사랑'에 관한 철학 산책

이준하

'평화 통일'은 과연 평화로울까?

2016년 미국의 제45대 대통령으로 도널드 트럼프의 당선이 확실시되었을 때, 동북아시아와 한반도의 장밋빛 전망을 예견한 분은 그리 많지 않으실 겁니다. 오히려 '늙다리', '리틀 로켓맨' 등의 서로를 향한 극언이 오가면서 우려했던 파국이 실현되는 듯했지요. 한치 앞의 언행을 예상할 수 없는 두 인물의 대립이었기에 한반도의 긴장은 그 어느 때보다 고조되었지만 문재인 대통령의 선출과 평창 올림픽을 계기로 극적인 반전을 이룬 것은 여러 모로 다행이라 하겠습니다.

저는 평소부터 우리 한국인이 어떤 조건에서도 적응이 빠르고, 자신이 처한 상황을 유리하게 활용하는 데에 큰 재능을 갖고 있다고 생각했는데요. 전쟁의 위기에서 평화 무드로 바뀌었을 때 그들이 보인 '태세 전환'에서도 그 증거를 찾을 수 있었습니다. 파주의 대북 확성

기가 철거되기도 전에 인근 아파트 매매량이 급증하거나 북한 관련 대학원 진학에 대한 관심도가 전에 없이 상승한 것은 제게 참으로 놀라운 풍경이었습니다. 그 무렵 제가 들은 비아냥 섞인 농담은 아직도 기억에 선명합니다. 통일이 찾아오면 강남의 복덕방 아주머니들이 북녘땅에 단체로 찾아가 여기저기 임장하느라 바쁠 것이란 냉소가 바로 그것이었지요. 임장, 즉 부동산 투자에 앞서 매물의 가치를 평가하기 위한 현장 방문과 북한의 연결지점에 대해 다른 선생님들께서는 어떻게 생각하실지 모르겠습니다. 한 가지 분명한 사실은, 한반도와 통일 문제에 접근하는 방법이 매우 다양하다는 것입니다. 누군가에게는 '역사의 상흔이 채 가시지 않은 공간'이, 또 다른 이에겐 '사적 이익 창출의 기회'인 것처럼 말이지요.

물론 이러한 발상의 근원은 갑자기 등장한 것이 아닙니다. '고토 회복'을 염원하는 군국주의부터 가깝게는 박근혜 정부가 주창한 '통일 대박론'이 있을 텐데요. 이 같은 목소리는 이른바 민주사회 진영에서 구성해온 담론과는 너무도 상이한지라 둘 사이에 있노라면 심각한 착란 증상까지 느껴질 정도입니다. 인식의 갭이 워낙 깊어 서로 다른 세계에 있는 것이 아닌가 싶을 정도니까요. 제가 이 글을 쓰게 된 계기가 있다면 바로 여기에 있습니다. '통일에 대한 양가적인 입장'이 바로 그것인데요. 다른 누구도 아니고 함께 통일을 진척시켜야 할 같은 사회의 구성원들이 이다지도 다른 생각을 갖고 있다는 것은 큰 걸림돌처럼 보입니다. 한반도를 둘러싼 정세와 경제 조건들을 개선해 나가는 것도 중요하지만 근본적으로 '통일의 주체'들인 당사자들이 과연 공존할 준비가 되어 있는지, 그러니까 '통일을 위한 숙의과정'이

전 사회 구성원들과 충분히 이루어졌는지를 묻지 않을 수 없다고 생각합니다.

우리는 모두 한반도의 '평화 통일'을 염원합니다. 그러나 작금의 상황과 인식 속에서, 과연 한반도의 통일이, 더 나아가서는 다른 생각을 지닌 사람들 사이의 공존이 과연 평화로울 수 있는지를 자문하게 됩니다. 게슈탈트 심리 이론에서는 '불안'을 "아직 오지 않은 미래와 현재 사이의 긴장"이라고 개념화합니다. 이는 오늘날 통일에 대한 우리의 솔직한 감정과도 유사한 것 같습니다. 과도한 긴장이 지속되면 평화는 깨지고, 타자화된 대상은 근거 없는 공포와 혐오로 전이되곤 합니다. 한반도의 진정한 평화를 위한 성찰이 우리에게 당면한 과제일진대, 저는 한반도를 둘러싼 서로 다른 생각의 대립에 대해 어떻게 개입할 수 있는지를 칸트와 바디우의 개념을 통해 이야기 나누고자 합니다.

이율배반의 관점으로 통일 바라보기

'한반도 통일 문제에 있어 양가적인 입장들의 대립'을 보았을 때 가장 먼저 떠오른 것은 바로 칸트의 이율배반 개념이었습니다. 오늘날의 한반도를 순수한 이념 간의 대결 구도로 바라보는 분은 전보다 적어진 것 같지만 그럼에도 불구하고, 자본주의와 사회주의는 남북한 사회를 특징짓는 조건일 것입니다. 익히 알려졌다시피 자본주의와 사회주의는 부의 원천인 토지에 대한 권한 문제에서 충돌하여 근본적으로는 사회와 인간 존재에 대한 소명을 각자의 방식으로 기술합니다. 이렇듯 이념의 문제는 정치경제학에 국한된 것이 아니라 철학적인 층위에까지 소급되며, 한 개인의 신념과 존재를 지탱하는 근간일지도 모릅니다. 때문에 이념은 소통에 있어 간단히 극복할 수 있는 요소가 아니며, 어떤 경우 장애가 되기도 합니다.

자본주의와 사회주의, 두 진영의 소통은 왜 이렇게 어려울까요. 단적으로 말하자면, 그것은 자신이 믿는 이념이 옳고 상대방의 그것은 그르다고 생각하기 때문일 것입니다. 이때 서로는 서로에게 거짓이요, 진리를 거스르는 안티테제가 됩니다. 누군가는 맞고, 누군가는 틀리다는 얘기가 될 텐데, 냉전을 관통한 근현대사는 이러한 프레임 속에 갇혀 헤매이던 역사 그 자체라 할 만합니다. 그 사이에서 진위를 가려주는 엄정한 판정이 있다면 좋을 텐데, 아쉽게도 우리 인간에게는 그러한 권한이나 능력은 주어지지 않은 듯합니다. 결국 답이 없는 미로 속에서 상대방과 영원히 투쟁하는 수밖에 없습니다. 나의 주장이 스스로에겐 참인데 상대에게는 거짓일 때, 칸트는 이를 이율배반의 개념으로 표현하고 있습니다. 이율배반의 상황에서 주체는 자신의 진리를 정당화하기 위해 외부 대상을 타자화하며, 타자를 부정하는 방식을 택합니다. 주체에 의해 구별지어진 타자는 마찬가지로 뒤집힌 주체화에 나서지요. 이는 두 개의 나선이 서로 꼬아가며 한 방향으로 회전하는 운동을 연상시킵니다. 하지만 이와 같은 이율배반의 주체들은 자신의 존재를 정당화하면 할수록 자신의 빈곤한 주체성을 드러내기 마련인데요. 자신을 부정하는 안티테제로서의 타자 없이는 스스로 존재할 수 없는 역설을 갖고 있기 때문입니다.

3대 비판 철학이라고 일컬어지는 순수이성비판, 실천이성비판, 그리고 판단력 비판을 기술하는 칸트의 철학 속에서 이율배반은 대단히 중요한 개념입니다. '안티노미Antinomie'를 번역한 이율배반의 사전적 정의는 "똑같은 근거에 의해서 두 개의 상반된 명제가 동시에 성립하는 사태"라고 합니다. 긍정명제와 반대명제가 정립—반정립, 테제—안티테제로 대립하는 구도를 우리는 이율배반의 전형이라 할 수 있을 텐데요. 칸트는 이를 철학 개념으로 전유하여 "이성의 자기 자신과의 다툼"이라고 표현했습니다. 이 표현은 칸트가 적시하는 이율배반 개념의 거의 모든 것을 요약해줍니다. 상반되는 두 개의 명제가 동시에 존재하는데, 그 대립이 바로 이성이란 하나의 토대 위에서 이루어지고 있다는 점에서 그렇습니다. 이러한 이율배반은 우리로 하여금 마치 하나의 육체를 공유하며 두 명의 인격체가 공존하는 것처럼 기형적인 조건을 상상하게 합니다. 3대 비판서를 저술하며 칸트는 하나의 이성 안에서 이율배반이 발생하는 원리와 그것이 발생할 수밖에 없는 필연성을 추적해나갑니다.

저는 앞으로 남은 시간 동안 이율배반이란 개념을 중심으로 통일 문제를 바라보는 아주 기초적인 접근을 하고자 합니다. 이 같은 시도는 비단 한반도의 상이한 입장을 선명하게 구분짓기 위함만이 아닙니다. 이성의 원리를 추적하는 칸트와 이율배반의 대립을 초월하는 보편성에 대한 알랭 바디우의 논의를 투시경 삼아 통일 문제를 새롭게 바라보고, 더 나아가 통일 한반도를 상상할 때 대립과 청산이 아닌 공존과 극복을 위한 단초를 가늠할 수 있기를 바랍니다.

칸트가 말하는 이율배반

칸트 철학에서 가장 유명하면서 또 이율배반의 구도가 명징하게 드러나는 것은 아마 〈순수이성비판〉에서 등장하는 "순수 이성의 이율배반 초월적 이념들의 넷째 상충" 같습니다. 여기서 그는 "세계에는 그것의 부분으로서든 그것의 원인으로서든 단적으로 필연적인 존재자인 어떤 것이 있다"는 정립과 "단적으로 필연적인 존재자는 세계 안에든 세계 밖에든 어디에도 그것의 원인으로서 실존하지 않는다"는 반정립을 대립시킵니다. 두 명제에서 묘사되는 '필연적인 존재자'는 스스로 존재하는 유일자로서의 신을 가리킬 텐데요. 신의 존재 유무를 놓고 펼쳐지는 두 명제의 증명은 흥미진진합니다. 전자가 신의 실존을 주장한다면 후자는 신의 실존 불가능함을 주장하는데, 두 명제의 진위를 가리는 것은 쉽지 않습니다. 각자의 논리가 나름대로 정합성을 갖고 있을뿐만 아니라 논거를 구축하는 과정이 매우 일관적이기 때문입니다. 이말인즉, 정립과 반정립 명제에는 각자를 지탱하는 원리가 있고, 그 원리는 서로 다른 방식으로 작동한다는 의미일 것입니다.

임마누엘 칸트(Immanuel Kant)
1724년 4월 22일~1804년 2월 12일. 독일 관념철학의 토대를 구축한 철학자로, 평생을 전통적인 형이상학과 당대 유럽을 강타한 경험론 양자를 비판하며 이성의 구조와 한계를 탐구하는 연구를 개진했다. 주요 저서로는 《순수이성 비판》, 《실천이성 비판》, 《판단력 비판》 등이 있다.

이러한 차이는 〈순수이성비판〉의 다른 이율배반에서도 유사하게 반복됩니다. '세계는 시간상 시초를 가지고 있으며, 공간적으로도 한계로 둘러싸여 있다'와 '무한하다'는 순수 이성의 첫 번째 이율배반, '세계에서의 모든 것은 단순한 요소로 이루어져 있다'와 '단순한 요소는 실존하지 않는다'는 두 번째 이율배반, 그리고 '현상을 설명하기 위해서는 자유에 의한 인과성이 필요하다'와 '자유는 없다. 오로지 자연 법칙들에 따라 일어난다'는 세 번째 이율배반이 그렇습니다. 우리는 이러한 이율배반의 대립항 속에서 초월적 이념을 다루는 순수 이성의 상이한 운동과 함께 정립, 반정립 명제가 각각 담지하는 고유의 원리를 발견할 수 있습니다. 세계의 시초와 원인을 상정하는 합리주의와 세계를 자연 법칙과 우연성으로 설명하는 경험주의가 그렇습니다. 라파엘로의 그림 〈아테네 학당〉을 보면 복도를 걸으며 토론하는 플라톤과 아리스토텔레스의 모습이 묘사되지 않습니까? 그때 플라톤의 손이 하늘을, 아리스토텔레스의 손은 지상을 가리키고 있음을 떠올렸을 때 우리는 이율배반의 원인이 상이한 근거에 기인함을 알 수 있습니다. 더 나아가 칸트는 그것이 우리 인간의 이성 안에서 발생하며, 그것은 필연적이라고 설명합니다.

이분법적인 구도 속에서 각 개념을 구분하길 좋아하는 칸트는 선험적인 이성 또한 두 개의 기능으로 나눕니다. 그것은 비판적 이성과 실천적 이성으로, 물자체로부터 분리된 인간 주체가 세계를 비교적 균형 잡힌 시각으로 바라보고 판단할 수 있도록 도와주는 역할을 하는데요. 비판적 이성이 오관으로 포착된 대상이 실존하는지를 검증하는 '과학 수사관'이라면, 실천적 이성은 존재의 원인을 자연 세계 너머의 초월적 세계로까지 확장시켜주는 '사제'라고 할 만합니다. 비판적 이성이 자연의 물리법칙을 따른다면, 실천적 이성은 신적 존재의 증명을 요청하므로 양자는 서로 상충할 수밖에 없습니다. 비판적 이성은 물리법칙 안에서 대상에게 실체성을 부여하지만 실천적 이성이 사물의 시초이자 자유 의지의 근원으로 지목하는 유일자는 현상 세계에서 인지할 수 없는 대상인 까닭이지요.

순수이성이 이렇게 서로를 피곤하게 하는지는 근본적으로 인간 주체의 불완전성에 기인합니다. 에덴 동산의 이야기가 우리에게 말해주는 것은, 신의 세계에서 일체를 이루던 존재가 개별적인 주체로 분리된 '추방'의 은유일진대, 이렇듯 물자체와 분리된 인간은 오관이란 제한된 감각기능으로 대상을 부분적이고 상상적으로 인식할 수밖에 없습니다. 이러한 조건에 놓인 인간 주체는 감관의 대상으로 포착된 질료를 양과 질, 관계와 양태로 나누어진 범주 속에 집어넣어 그것이 정말 현상 속에 존재하는지를 판단하게 됩니다. 이를 수행하는 것은 비판적 이성의 역할이지요. 동시에 우리는 그 대상이 존재할 수 있는 근거와 원인을 자연 세계 너머까지 성찰하며 세계를 초월적으로 확장하게 됩니다. 이는 실천적 이성 덕분이지요. 칸트는 인간이 '반은 이성적 주체이면서 동시에 동물적 주체'라고 표현했는데, 그것이 과연 정확하다고 생각합니다. 동시에 이율배반이 인간 주체의 이성 안에서 발생할 수밖에 없는지를 말해주는 대목이기도 하고요.

알랭 바디우가 주목한 보편적 사랑

이율배반에 대한 이야기는 잠시 접어두고, 이번엔 알랭 바디우의 논의를 소개하고자 합니다. 프랑스의 철학자 바디우가 1997년 발표한 〈사도 바울〉이 바로 그것입니다. 뜬금없이 이 저작을 다시 거론하는 이유는 그리스와 유대, 예언과 철학 등 사도 바울이 활동하던 시기의 대립항을 쟁점화하는 바디우의 방법론이 앞서 얘기한 칸트의 이율배반 개념과 유사하기 때문이며, 무엇보다 '보편적 사랑'으로 그 대립을 극복하고자 한 사도 바울의 시도에 주목하기 위함입니다. 공통된 토대를 잃고 개인의 개인에 대한 투쟁으로 치닫고 있는 오늘날의 상황을 비추어보면 더욱 그렇습니다.

우리는 칸트의 논의를 통해 이율배반이 발생하는 과정과 그 이유를 살펴보았습니다. 이러한 이율배반은 현실 속에서 다양한 방식으로 표출되곤 합니다. 소통의 여지가 없이 두 입장이 극단적으로 대치하는 상황을 분석해보면 서로를 부정함으로써 자신을 정당화하는 이

알랭 바디우(Alain Badiou)
1937년 1월 17일~현재. 마르크스 이론가인 루이 알튀세르의 제자로, 플라톤 철학과 독일 합리주의를 횡단한 저서 《존재와 사건》으로 주목을 받았다. "철학이 근간이 되는 존재론을 파괴하는 근본적인 원리"로 지목되는 자본주의와 이를 지탱하는 서구식 민주주의의 기만성을 비판하는 활동을 이어오고 있다.

율배반의 대립항인 경우가 많습니다. 이때 정립, 반정립의 명제는 자신이 취하고 있는 입장을 쉽게 바꾸지 못합니다. 즉, 이율배반의 당사자들은 절대 화해하지 못합니다. 바디우가 역사 속 인물을 현대에 재소환한 데에는 이유가 있을 것입니다. 오늘날 한국 사회에서 쉽게 관측되듯, 바디우가 사도 바울을 재조명한 시기의 유럽 또한 냉전 이데올로기가 흐려지고 대신 급부상한 개인 주체 간의 대립이 만연하던 때였으니까요.

주지하듯 바울이 활동하던 시대에 큰 영향력을 발휘하는 두 사조가 있었습니다. 유대 담론과 그리스 담론이 그것인데요. 각각 예언과 철학의 방법으로 구성되는 두 담론은 이율배반의 전형을 따릅니다. 유대 담론이 '예언자'라는 주체적 양상으로 전개된다면 그리스 담론은 '로고스', 즉 지혜를 통해 자연적 총체성을 구성하는 현인으로 나타나는데요. 유대인들이 신의 은밀한 표징을 해석하며 특권적인 관계를 증명해왔다면 그리스인들은 이성을 우주적 질서 안에 위치지음으로써 조화롭고 순응적인 총체성을 구성해왔다고 할 수 있겠지요. 이러한 구도는 형이상학을 지향하는 플라톤과 자연 과학을 탐구하는 아리스토텔레스, 혹은 환원론적인 합리주의와 실증적인 경험주의, 근본적으로는 실천적 이성과 비판적 이성이란 전통적인 이율배반의 대립항을 연상시킵니다. 결정적으로 유대 담론과 그리스 담론이 서로 다른 근거를 주장하지만 실은 부정을 통한 주체화라는 공모 관계에 있다는 점에서 명확해집니다. 유대 담론에서 말하는 자연적 세계 너머의 초월성은 그리스의 총체성을 바탕으로 가능하다는 바디우의 지적을 상기하면 그렇습니다. 초월에 대한 상상은 닫힌 세계, 그 자체로 완결된 총체성을 근거로 이루어지니 말입니다. 이제 그럼 바울이 유대와 그리스에 어떻게 개입하는지를 살펴보도록 하겠습니다.

바울의 전략은 유대와 그리스 양자를 종합하는 것이 아닙니다. 그는 두 담론이 다른 가면을 썼지만 결국은 동일한 지배자의 형상을 띤다고 지적합니다. 유대의 경우에는 '표징에 대한 해독'이라는 권위가, 그리스의 경우 '자연적 질서를 체득하는 지혜'가 주체를 지배합니다. 이때 주체는 권위와 지식의 유무에 따라 예언자/비유대인, 그리고 스승/제자라는 위계로 위치지어집니다. 바로 이러한 위계성 때문에 바울은 유대와 그리스 모두 '아버지의 담론'일 수밖에 없다고 결론 내리지요. 같은 인간들로 하여금 위계와 차이를 발생시키는 아버지의 담론은 바울이 추구하는 보편적인 은총과는 정반대의 기능을 한다고 할 수 있습니다.

유대와 그리스 담론을 반박하며 바울은 '아들의 담론'을 주창합니다. 여기서 핵심이 되는 '은총' 개념은 "율법적인 것을 넘어서는 것", "이유 없이 모두에게 일어나는 것"으로 위계와 차이를 초월하는 보편성을 담지합니다. 그리고 은총은 바로 유일자로부터 주체 개인에게 건네지는 그 무엇일 텐데요. 이것은 예언자의 권위나 철학자의 지혜를 무화하며 인간 존재 모두에게 행해집니다. 바울은 총체적인 세계와 신비주의적 표징 너머에 있을 초월적 존재를 적극적으로 도입함으로써 새로운 길을 제시합니다. 이것은 개인의 내면적인 실천, 즉 믿음과 은총이란 보편적인 작용을 통해 완성된다는 점에서 이율배반의 좁힐 수 없는 간극을 횡단하는 묘를 보여줍니다.

이러한 바울의 방법론에서 우리가 주목할 것이 있다면 대립하는 양자 관계에 제3자의 자리를 마련했다는 점입니다. 어째서 이율배반을 극복하기 위해선 정립과 반정립 명제를 넘어서는 초월적 존재를 필요로 하는 걸까요? 만약 우리가 경험 이전에 내재된 이율배반적 이성 때문에 진영논리로 사물을 판단한다면, 그러니까 의식의 주체인 자아와 외부 대상인 타자 사이의 구분이 이루어진다면 주체는 여지없이 욕망의 덫에 포획되는 듯합니다. 타자를 욕망의 대상으로 인식하는 순간, 타자를 부정하면서 동시에 필요로 하는 이율배반의 관계로 전이되기 때문입니다. 이것은 바울이 한사코 거부하고자 했던 율법의 길이지요. 그는 가차 없이 서로를 부정하는 이율배반의 두 주체 사이에 보편적인 제3자의 자리를 마련함으로써 그 전쟁 상태를 극복하고자 합니다. 여기서 '보편적인 제3자'라 함은 단적으로 그리스도를 의미합니다. 바울의 주체가 경험하는 은총은 객관적으로 포착할 수 있는 그 무엇도 아니고, 언어로 구술할 수 있는 성질의 것도 아니어서 오로지 개인의 실천적인 믿음을 통해서만 현실성을 갖는 그것입니다. 그러나 이것은 유대 담론의 신비주의와는 구분됩

사도 바울

니다. 특정 민족이나 개인에게 부여된 특권이 아닌, 인류 전체를 대상으로 하는 보편성을 근거로 하기 때문이지요.

바울의 주체가 갖는 믿음이 그리스도의 부활이란 사건을 중심으로 이루어짐은 당연합니다. 요청을 통해 초월적 세계에 존재하는 신의 은총을 건네받아 그는 스스로를 '그리스도의 아들'이라 선언하기에 이릅니다. 이때 그리스도라는 초월적 존재의 의의는 이율배반 극복에 있어 절대적입니다. 이율배반의 양자 관계에서 주체는 각각의 상이한 근거로 소급되기 마련인데, 그리스도의 길은 어느 한쪽에 편향되지 않고 둘을 절묘하게 포괄하는 유일한 방법을 제시하기 때문입니다. 율법이 아닌 그리스도라는 사건으로 돌아가야 한다는 바울의 주장은 타자를 부정하며 스스로의 존재를 정당화하던 수동적 주체가 사랑의 실천으로 비로소 능동적 주체로 거듭나는 과정을 적시합니다. "그리스도는 율법의 끝"이면서 동시에 "사랑은 율법의 완성"이라는 말과 같이 사랑은 "긍정적인 단 하나의 준칙"이자 "어떤 금지도 없는 순수한 긍정"의 정언명령으로 주체에게 주어집니다. "네 이웃을 네 몸과 같이 사랑"하라는 말로 축약되는 사랑을 실천함으로써 주체는 혐오의 논리에서 벗어나 '새 생명'을 얻습니다. 자기애와 이타심이 겹치는 지점, 바디우는 "자기—사랑을 보편적으로 말 건네는 힘에 따라 그리스도라는 사건에 충실한" 보편적인 사랑이 곧 구원의 열쇠라고 정리하고 있습니다.

대립을 넘어, 이율배반의 극복을 위하여

지금까지 칸트와 바디우의 논의를 간략하게 훑어보았는데, 몇 가지 문장으로 정리하면 다음과 같을 것입니다.

하나, 인간에게 이율배반은 필연적이다. (물자체와 분리된 주체가 인식 능력의 한계 안에서 사물의 실존을 판단하려는 상이한 이성으로 말미암아)

둘, 자타로 대립하는 주체 간의 관계는 이율배반적이다 (자신의 정당성을 타자의 부정을 통해 증명하고자 하는 주체들의 의존적인 공모 관계로 말미암아)

셋, 양자 관계의 이율배반을 극복하기 위해선 보편적인 제3자를 필요로 한다. (이율배반의 원리로 환원되지 않는 초월적인 보편성을 담지하기 위해)

다시 칸트로 돌아가 이율배반을 극복하는 방법론을 살펴보며 오늘 발제를 마무리하고자 합니다. 사도 바울을 소환했던 바디우의 방식과 유사함을 찾아보는 것도 흥미로울 것 같습니다. 순수이성에서 발생했던 이율배반은 마찬가지로 실천이성에서도 재현되는데요. 실천이성을 추동하는 두 가지 원리, 즉 도덕과 행복은 서로 다른 근거를 갖고 있기에 양자는 대립할 수밖에 없습니다. 칸트는 행복을 윤리의 최고 원리로 삼는 쾌락주의적 에피쿠로스 학파와 반대로 욕망을 억제하는 도덕주의적인 스토아 학파를 예로 각자가 담지하는 원리와 그 한계를 지적합니다. 칸트는 이율배반의 정립, 반정립 명제들이 모두 스스로 참을 주장하나 그것이 객관적인 진리일 수는 없다고 말합니다. 순수이성비판에서 신은 존재한다, 혹은 존재하지 않는다는 초월적 이념의 상충만 하더라도 인간은 그 존재 여부를 확인할 판단 능력이 부재한 까닭에 그것이 존재론적 술어로 끝나는 한 언제나 주장에 그칩니다. 실천이성의 이율배반도 마찬가지입니다. 이성에 근거하는 도덕과 육체와 결부된 행복은 서로를 밀어내며 최고 윤리를 주장하기에 공존하기란 쉽지 않습니다. 그러나 행복 없는 도덕, 혹은 덕을 저버린 행복은 역설적으로 윤리와 멀어지므로 이성은 자기모순에 빠집니다. 주체에게 불가능한 요구를 하기 때문이지요.

〈순수이성비판〉에서 '인간은 무엇을 알 수 있는가'를 물었던 칸트가 〈실천이성비판〉에서 던지는 질문은 '인간은 무엇을 행해야 하는가'일 것입니다. 인간으로 하여금 실천을 이끄는 것, 자유 의지의 근거가 되는 것에 대한 탐구가 주된 내용이라 할 수 있을 텐데요. 그러한 윤리성은 행복, 즉 자연 세계 안에서의 신체적 쾌락을 추구하는 것에 있을까요, 아니면 그에 대한 안티테제로서 몸의 욕구를 억누르며 덕의 도야만을 지향하는 것일까요. 칸트는 단적으로 둘 다 불가능하다고 결론내립니다. 대신 서로 다른 법칙에 운동하는 이율배반 사이에 칸트는 "도덕적 세계 창시자"로서의 초월적 존재를 위치시킴으로써 최고선의 가능성을 요청합니다. 최고선을 위한 이율배반의 원리는 현상 세계에서 인간에게 대상으로 주어지면서 초월 세계에 있을 윤리의 근원을 촉발하는 과정 자체를 포괄해야 한다는 과제를 갖습니다. 외부 대상을 통해 주체 내부의 덕이 고양되는 것은 어디까지 주관적인 차원에서 이루어지지만, 자연 세계의 법칙 안에서 대상을 증명하고자 하는 비판적 이성의 활동은 객관성을 주장하기 때문입니다. 이 사이에 칸트가 위치시키는 초월적 존재는 '주관적인 객관성'이란 매우 모호한 표현으로 개념화됩니다. 즉, 주체에게 실천의 근거이자 목적이 되는 최고선은 그 존재를 요청하는 개인의 확고한 믿음 속에서 객관적인 실체를 갖습니다. '이성신앙'이라 스스로 설명하는 칸트의 방법론은 신을 존재론적으로 증명하고자 하는 신학과 뚜렷하게 구별됩니다. '신은 있다'는 존재론적 술어가 아닌, '신은 있어야 한다'는 요청을 통해 주체는 현상 세계 너머의 존재로부터 은총을 받는 신비를 경험합니다. 이 이성신앙은 행복과 도덕, 율법이나 철학과 같이 주체에게 강요하거나 금지하는 것이 없습니다. 그 자체로 이유가 되는 초월적 자유에 근거를 둔 이것은 지시명령하는 것이 아니라 자유의지적인 것입니다. 신의 실존을 상정함으로써 칸트는 윤리의 객관적 근거를 찾으려는 이성의 이론적 필요요구와 내면의 도덕적 마음씨를 고양하며 느끼는 쾌가 동시에 가능하다고 설명합니다. 어느 한쪽의 편을 들지 않고 모두의 주장을 참으로 만들며 중재하는 방법이라 할 수 있습니다.

한참을 돌아왔지만 그래도 통일 문제로 이야기를 맺도록 하겠습니다. 그래서 부의 원천이 되는 토지는 누구의 것입니까? 권한을 지닌 개인의 사적 재산입니까, 아니면 노동자 공동의 생산토대입니까? 어떤 명제가 주어졌을 때 우리는 어느 한쪽에 동조하거나 반대로 다른 한쪽을 반박하고자 생각이 복잡해지는 듯합니다. 그 과정에서 생각이 같거나 다른 자타의 경계가 나누어지고, 대립의 골이 깊어지며 진영논리는 더없이 강화됩니다. 적대적인 양자 관계로 전이되는 이율배반의 전형입니다.

염원하던 통일이 찾아왔을 때 한반도를 기다리는 건 '다름'이 주는 긴장이었으면 합니다. 그러기 위해선 무엇보다 사회 구성원이 같은 미래를 지향할 수 있는 하나의 토대를 복원해야겠습니다. 화해가 불가능할 것 같은 대립에 개입하는 방법은 지금까지 말씀드린 이야기 속에 단서들이 존재하리라고 생각합니다. 다른 무엇보다 이율배반을 대립에서 공존으로 전환시킬 수 있는 중용의 지혜가 필요할진대, 이를테면 '토지는 개인의, 혹은 공동의 소유물이다'라는 결정론적 술어를 '~이면서'란 교호적인 접속어로 바꾸어 '토지는 개인의 소유물이면서 공동의 소유물인…' 등으로 달리 접근할 수 있을 것입니다.

또한 보편적인 제3자의 자리를 마련함으로써 혐오의 논리로 수렴되는 이율배반의 수동적인 주체에서 용서와 사랑을 통해 비로소 능동적인 실천을 행할 수 있는 주체로 이동하는 것이 중요합니다. 이는 보편적인 사랑의 실천 위에서 끊임없이 교집합을 탐구하는 중용의 길을 걸을 때 완성됩니다. 궁극적으로 양자 관계를 모두 아우르는 신의 존재는 자기애나 조건적인 사랑이 아닌 '자기 자신과 모두를 향한 보편적인 사랑'을 통해 우리 모두에게 내재되어 있는 초월적 자유를 인지하게 합니다.

한반도는 너무 많은 상흔과 좌절로 얼룩진 역사 그 자체입니다. 이곳에서 타인을 신뢰하고 사랑하기란 말처럼 쉬운 것이 아닙니다. 그럼에도 우리는 하나의 사회를 꿈꿉니다. 다름보다는 닮음이 더 많아서인가 봅니다. 누가 더 잘나고, 더 잘살고의 잣대가 아니라 모두 다 같은 형제자매라는 겸손함으로 돌아갔으면 합니다. 굳은 신뢰 속에서 치열하게 고민하며 같은 내일을 꿈꾸는 한반도가 되었으면 좋겠습니다. 평등한 인류애로 서로 아껴주기를 간구해봅니다.

이준하 바오로

1988년 남양주에서 태어나 2004년부터 10여 년간 영화를 공부했다. 이후 성공회대학교 국제문화연구학과에 들어가 현대 소비문화의 역사와 욕망에 대한 논문을 준비하며 칸트와 라캉, 맑스의 이론을 강독하는 독립 세미나를 진행했다. 학위 이수 후 현재는 문화예술 행정업무에 종사하고 있다.

4단

다시 평화를 묻다

10. 평화의 심포니

이시권

음악music, 音樂이란 인간이 들을 수 있는 영역의 음과 소음을 소재로 하여 박자·선율·화성·음색 등을 일정한 법칙과 형식으로 종합해서 사상과 감정을 나타내는 예술이라고 합니다(두산백과). 우리는 기상 시간을 알려주는 모닝콜 소리부터 출근길에 라디오 프로그램을 통해 가요, 팝송, 베토벤 교향곡까지 많고 다양한 음악을 들으면서 살고 있습니다.

[아름다운 선율을 들려주는 교향악단] 김영훈 작가 作

다양한 종류의 음악 중에서 '교향곡symphony'의 어원을 살펴보면, 이 단어는 인간의 삶 모습을 담아낸 단어라고 생각합니다. 그리스어의 '신포니아sinfonia'에서 나온 말로, '어울리는 음' 또는 '동시에 울리는'이라고 뜻을 가진 교향곡symphony은 다른 악기들이 서로 다른 음을 연주하면서 하나의 곡으로 탄생시킨다는 의미를 갖기 때문입니다.

교향곡이 성공하기 위해서는 두 가지 조건을 갖춰야 한다고 합니다. 첫 번째는 지휘자의 역할입니다. 지휘자는 완벽한 소리를 만들기 위해 모든 악기를 조율해야 합니다. 다른 하나는 단원들과 악기입니다. 단원 간의 악기 소리가 조율되지 않는다면, 조화로운 소리가 나지 않을 것입니다.

완벽한 교향곡의 모습은 우리 삶의 모습을 보여주는 것 같습니다. 우리는 저마다 모습을 가지며 살아갑니다. 서로가 불협화음을 내기도 하지만 조화로움을 유지하기 위해 노력합니다. 우리 삶에 있어서 조화로움이란 어떤 것일까요? 그것은 평화로운 삶을 갈망하는 것입니다. 그렇지만 평화로운 삶을 이루기란 쉽지 않습니다. 평화로운 삶을 살아가기 위해서는 어떠한 요소들이 서로 조화를 이뤄야 할까요?

우리는 자유로운 삶 안에서 독립적인 존재로 살고 있습니다. 개인-개인, 개인-사회, 개인-국가 안에서 개인은 독립된 사고와 행동을 자유롭게 보장받길 원합니다. 개인 간 추구하는 것이 같을 때는 조화를 이루지만, 다툼과 갈등을 발생시킵니다. 이 문제를 해결하기 위해서는 여러 가지 방법이 존재합니다. 예를 들어, 국가에서 개인의 권리를 보장해주는 법을 통해 개인은 자신의 이익을 보호받고 있습니다.

법률, 규칙 등 개인의 권리를 보장하는 장치들이 존재하지만, 이러한 장치들이 모든 것을 해결해 주지 못할 때가 있습니다. 대화와 타협은 대립과 갈등을 슬기롭게 풀 수 있는 좋은 역할을 합니다. 단, 대화와 타협이 문제 해결에 존중된다는 조건을 성립해야 가능한 일입니다. 이 두 가지를 존중할 수 있는 요소들이 '평화로운 삶'을 이루기 위한 역할을 할 수 있습니다.

'평화' 단원

평화롭게 산다는 것. 과연 '평화'라는 것은 무엇일까요? 평화는 개인, 집단, 국가에서 나아가 전 세계에 걸쳐 보편적으로 추구하는 지향점입니다. 그래서 우리는 다양한 방법으로 평화를 실현하기 위해 노력합니다. '평화'는 정치, 사회, 문화적인 맥락에 따라, 사상, 언어, 종교에 따라, 심지어 각 개인이 처한 환경에 따라 매우 다양한 모습을 띱니다.

[평화로운 일상] 김영훈 작가 作

다층적, 다면적, 다변적인 모습을 가진 '평화'를 보편적인 가치로 여길 수 있을까요?

가장 이루고 싶지만, 이루기 어려운 것. 평화란 바로 그런 것이 아닐까요? 평화는 모두 사람이 알고 있는 가치이자, 보편적으로 지켜야 할 가치입니다. 평화는 공동의 선이지만 동시에 깨지기 쉬운 선입니다. 평화를 이루기 위해서는 서로 화합하고 공존을 위한 책임감을 인식해야 합니다.

평화는 거창한 가치가 아닙니다. 나와 내 이웃과 함께 평화롭게 지내려는 마음을 갖고 함께 살아가는 속에서 얻은 평화는 가족에게, 친구들에게 그리고 사회 전체에 영향을 미칩니다. 평화는 상호 책임과 의존을 바탕에 두기 때문에, 평화를 이룰 수 있는 것은 나와 너 그리고 우리가 어떻게 평화에 대한 가치를 생각하느냐입니다.

인간이 스스로 살아가기 위한 답을 구하듯, 개인이 어떻게 평화를 인식하고, 타자의 평화에 대한 인식을 생각하는 과정을 통해 '평화의 정체성'을 확립하는 것입니다. 물론 이러한 관계들이 하나의 정체성으로 귀결되는 것이 아닐 수 있습니다. 그렇지만 '평화의 정체성'은 우리 삶의 가장 작은 곳에서부터 밀접하게 연결되어 있습니다.

우리 삶의 가장 작은 곳은 우리 자신입니다. 개개인이 '평화'라는 정체성을 어떻게 확립하느냐에 따라, 평화는 여러 가지의 모습과 소리를 가질 것입니다. 부드러운 악기들이 조화를 이룬 교향곡을 만들

수도 있지만, 불협화음의 소리를 이룬 교향곡이 탄생할 수도 있습니다. 평화도 마찬가지입니다. 개인 간의 신뢰가 무너지면 갈등과 반목이 생겨, 서로에 대한 적대감을 일으키게 되어 개인의 생명, 자유와 존엄에 대한 기본적인 존중을 하지 못할 상황에까지 이르게 할 수 있습니다.

악단의 단원과 악기가 아무리 훌륭하다고 하더라도, 이들을 부드럽고 잘 조율된 소리를 내기 위해 통솔하는 역할을 하는 지휘자가 필요합니다. 그렇다면, 평화로운 교향곡을 지휘할 수 있는 지휘자는 누구일까요?

'정치' 지휘자

지휘자는 기본적으로 연주하는 단원들에 대해 같은 리듬을 따라갈 수 있게 하며, 박자를 정확하게 짚는 역할을 합니다. 이러한 과정을 바탕으로 지휘자는 음악에 대한 해석을 통일시켜 연주를 빛내고 음악을 재창조합니다. 이 세상의 수많은 소리를 하나의 협주된 소리를 낼 수 있는 지휘자가 있습니다. 바로 '정치Politics'입니다.

정치는 국가만으로 한정되는 인간 활동뿐만 아니라 모든 인간 생활의 제諸형태를 말합니다. 이를테면 회사·노동조합·교회·학교·가정 등 어디에서나 발생되는 이해관계의 대립이나 의견의 차이를 조정해 나가는 통제의 작용도 모두 포함한다는 견해도 있습니다(두산백과).

정치는 우리의 삶과 매우 밀접하게 연관되어 있습니다. 어떤 지도자가 국가의 원수가 되는지에 따라 혹은 본인이 사는 지역을 대표하여 어떤 국회의원이 당선되느냐에 따라 우리 삶에 미치는 영향이 크기 때문이다.

다양성을 포용해야 하는 정치

결혼을 준비하는 예비 신혼부부가 신혼집을 마련하기 위해 집을 알아보러 다녔습니다. 둘 다 직장을 다니고 있는 점을 고려했을 때, 집과 직장간 거리는 신혼집을 구하는 데 가장 큰 고려대상이었습니다. 이 부부는 어렸을 때부터 이사를 많이 다녔기 때문에, 집의 소중함을 일찍 깨닫고, 서로가 결혼 준비를 하면서 집을 사기 위해 알뜰하게 돈을 모아두었습니다. 집을 알아보고 있는 와중에 신혼부부는 본인들에게 조건이 맞는 집을 찾는 데 성공했습니다. 이들 부부는 좋은 집주인과 부동산 업체를 알게 되어, 집을 마련하는 데 큰 어려움이 없었습니다.

그런데 다음 날 부동산에서 전화가 왔습니다. 엊그제 발표한 정부의 부동산 대책으로 인하여 계약하려던 집이 시세보다 금액이 많이 올라서, 당초 계약금보다 높은 금액에 계약을 해야 한다는 내용이었습니다. 당장 큰 금액을 구할 수 없는 상황에 놓이게 된 신혼부부는 결국 직장에서 1시간 30분 이상 떨어진 곳에서 집을 겨우 구할 수 있었습니다.

위의 사례와 같이 정치는 우리 삶의 작은 변화에서부터 시작해 큰 변화를 일으킵니다. 우리가 사는 이 시대는 과거와 달리 개인이 직접 정치에 참여하고, 정치 권력을 가질 수 있는 기회가 많아졌습니다. 자신이 거주하고 있는 지역의 정치인에게 직접 찾아가 자신의 의견을 관찰시키거나 심지어 청와대 국민청원 게시판을 통해 청원하는 경우도 종종 볼 수 있습니다. 그런데 최근 우리 스스로가 정치 권력을 포기하려 할 때도 많습니다.

정치인의 막말 논란과 범죄혐의, 정치적 이익만을 좇는 정당의 투쟁(단식, 삭발식 등). 이야기만 들어도 머리가 지끈지끈할 때가 많이 있으시죠? 대한민국 정치의 심장이라고 불리는 국회와 국회의원들의 모습을 볼 때면 생각조차 하기 싫을 때가 많을 것입니다. 이러한 현상은 우리 사회뿐 아니라 전 세계 다른 나라에서도 비슷하게 목격할 수 있습니다.

내가 나선다고 속 시원하게 해결되는 것도 아닌데 뭐.

내가 이익 볼 것도 없는데 왜 나서야지? 될 대로 되라지 귀찮아.

정치는 정치인이 하는 일이고, 나랑은 상관이 없어.

이처럼 정치를 무관심하고 외면한다면, 평화를 이루는 데 도움이 될까요?

정치를 외면한 가장 큰 대가는 가장 저질스러운 인간들에게 지배당하는 것이다. - 플라톤

플라톤의 말처럼, 우리가 정치를 외면한다면, 저질스러운 인간이 나의 권리를 제한하고, 사용하여 그 자체만으로 삶의 가치구성에 위협하게 될 것입니다. 그렇기에, 우리는 결코 정치를 외면해서는 안 됩니다. 정치로부터 멀어질수록 우리의 삶은 더욱 힘들어질 수 있기 때문입니다.

정권에 따라 바뀌는 교육정책이나 부동산 정책 등 우리 삶에 직접적으로 영향을 주는 정책에 대해 정치 권력을 가진 자들이 정책을 바르게 펼치지 못하면 그 피해는 우리의 몫입니다. 우리 삶의 직접적인 문제뿐 아니라 어떠한 외교정책을 펼치느냐에 따라 국가가 안전해질 수도 혹은 다른 국가들과의 외교 관계로 인하여 정치적·경제적 피해를 직·간접적으로 받을 수 있습니다. 정치에 대한 무시와 무지는 평화를 이룰 수 없습니다.

정치와 평화의 심포니

평화와 정치. 서로가 친근하지 않은 이 단어들이 어떤 관계를 맺느냐에 따라 이 땅에 사는 모든 존재의 삶과 정체성에 많은 영향을 끼칠 것입니다. 우리는 정치가 제 역할을 하지 못하여, 평화가 망가지는 모습을 역사적으로 경험했기 때문입니다.

'좋은 정치는 평화에 봉사합니다.'

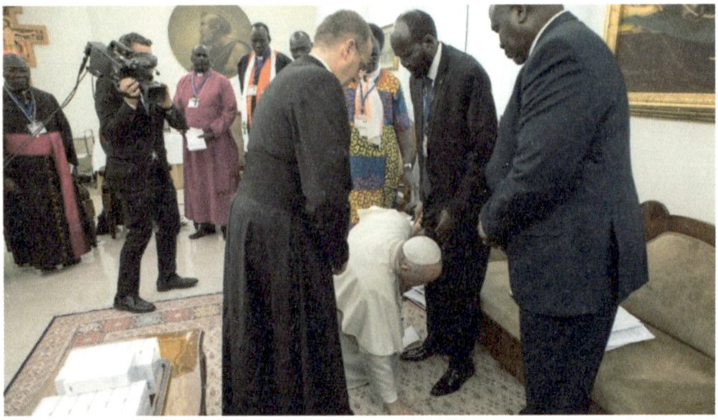

교황, 평화 위해 (남수단 국가 지도자들의) 발에 입맞춤

이 문장은 교황 프란치스코Pope Francis가 지난 2019년 1월 1일 '세계 평화의 날' 담화문에서 발표한 핵심 주제입니다. 프란치스코 교황은 평화를 시인 샤를 페기Charles Péguy가 칭송하는 희망과 유사하다고 말하였습니다.

> 평화는 폭력의 돌밭에서 피어나는 여린 꽃 한 송이와도 같습니다. 어떤 희생을 치르더라도 권력을 추구하겠다는 욕심이 남용과 불의로 이끈다는 것을 우리는 알고 있습니다. 정치는 인간 공동체와 제도를 설립하는 데에 근본이 되는 수단입니다. 그러나 정치인들이 정치 활동을 인류 공동체에 대한 봉사로 여기지 않을 때, 정치는 억압과 소외와 심지어 파괴의 수단이 될 수 있습니다.
>
> \- 프란치스코 교황 2019. '세계 평화의 날' 담화문

프란치스코 교황은 평화를 증진하기 위해 정치의 역할과 책무의 중요성을 이야기합니다.

> 정치의 역할과 책무는 국가에 봉사하도록 부름을 받은 모든 이에게 끊임없이 도전 과제를 제기합니다. 정치인들은 자기 나라를 위해 봉사하면서 그 나라에서 살아가는 사람들을 보호하고 정의롭고 가치 있는 미래를 위한 조건을 창출하도록 모든 노력을 기울여야 합니다. 사람들의 생명과 자유와 존엄에 대한 기본적인 존중을 바탕으로 정치 활동이 이루어진다면, 정치는 참으로 사랑의 탁월한 형태가 될 수 있습니다.
>
> - 프란치스코 교황 2019. '세계 평화의 날' 담화문

프란치스코 교황의 메시지는 많은 시사점을 줍니다. '평화'를 위협하는 것은 정치적인 일뿐만이 아니라 우리 일상에서도 마주하고 있습니다. 우리는 정치와 평화의 관계에서 벗어날 수 없습니다. 우리는 좋은 정치를 구현할 수 있도록 많은 관심을 가지고, 참여해야 합니다.

이러한 과정은 정치와 평화를 발전시킵니다. 발전된 정치와 평화는 세계를 한 단계 진보할 수 있는 발판을 마련해줍니다. 평화를 이루기 위해서는 '좋은 정치'가 실현되어야 합니다. 정치는 개인의 것이기도 하고, 공동체의 것이기에, '정치하는 사람'은 나 자신이라는 점을 인지해야 할 것입니다.

평화로운 삶을 사는 것은 평화를 염원하는 것만으로 그치는 것이 아니라 '평화의 장인'이 되어 '평화의 정치'를 실현하는 것입니다.

독자 여러분.

저와 함께

'평화 교향곡' 악단에

함께하시겠습니까?

두 개의 종 [평화와 정치]

이시권 펠릭스

필자는 보다 나은 세상을 만들기 위해 조금이나마 도움이 되고자 고민을 하던 중에, '정치학'을 접하였다. 정치가 '우리의 삶을 얼마나 바꿔왔고, 바꿀 수 있는지'를 깨닫고, '정치학자'의 길을 향해 가고 있다.

11. 다시, 평화

이혜연

평화를 말할 때 이야기하고 싶은 것

많은 사람이 평화를 말하며 공존과 공감의 필요성을 이야기합니다. 더 나아가 사랑과 인류애를 강조하는 분들도 있지요. 그러나 누군가를 공감하고 사랑하는 것은 무척이나 어려운 일입니다. 사랑하는 가족, 친구, 애인을 이해하고 공감하는 일조차도 그러한데, 잘 알지 못하는 타인을 공감하는 일은 더더욱 어렵겠지요.

그래서일까요? 우리는 타인의 존재를 인정한다고 말하면서도 그들의 다름을 비난합니다. 때로는 그들이 겪는 고통을 조롱하기도 하지요. 더 나아가 오늘날 우리는 타인과 함께 하는 삶보다 혼자 잘사는 삶에 더 관심이 많습니다. 서점의 베스트셀러 목록을 보면 이런 현상이 더 잘 나타나지요. 혼술, 혼밥 등 이른바 '혼자'하는 생활의 증가도 마찬가지입니다. 관계를 맺어가는 것의 어려움, 인간관계에서 오는 피로감과 불편함을 호소하며 우리는 타인과의 관계 대신 오롯이 나 혼자 살아가는 삶에 관심을 쏟고 있지요.

이제 타인은 우리의 삶에 불필요한 존재가 되어버린 것 같습니다. 물론 오늘날 우리의 삶이 타인과 완전히 단절될 수는 없겠지만요. 이에 사람들은 필요한 관계와 불필요한 관계를 정하고, 내게 불필요한 사람들을 정리하며 타인과의 관계를 내가 원하는 방향으로 통제·관리하고자 합니다. 취업 정보 사이트인 사람인의 조사에 따르면 총 4,013명의 성인남녀 중 75.1%가 불필요한 인간관계를 정리하는 '인맥 다이어트'가 필요하다고 답했다고 합니다. 그리고 그 이유로 '불필요한 인간관계의 부담(51.8%)'을 1순위로 꼽았다고 하네요(사람인 2019/11/07).

이 조사 결과가 흥미로운 것은 소셜네트워크서비스(SNS)의 발달로 전 세계 사람들과 광범위한 네트워크 형성이 가능한 오늘날, 우리는 타인과의 관계를 오히려 소모적이고 불필요한 것으로 느끼고 있다는 점에 있습니다. 아이러니한 일이지요. 기술발달로 많은 사람과 관계를 맺기 쉬워졌지만 우리는 점점 타인과의 관계를 불필요하다고 느끼니 말입니다.

더 아이러니한 것은, 그럼에도 우리가 함께하는 삶을 이야기한다는 것입니다. 평화에 대한 논의도 그 안에 포함되겠지요. 우리는 이러한 논의 안에서 서로에 대한 존중과 공감, 사랑과 인류애를 이야기합니다. 그러나 현실의 우리는 피부색, 성별, 인종, 지역, 학벌, 계급, 정치이념, 종교, 성 정체성을 이유로 타인을 적대하며, 타인의 고통을 조롱하고, 편을 나누어 외부인에 대한 차별과 적대를 합리화합니다. 오늘날에는 이러한 차별의 경계가 점점 확대되고 있지요. 임대아파트 거주민에 대한 차별에 이르기까지 말이죠.

저는 여기서 궁금증이 생겼습니다. 왜 사람들은 평화를 말할 때 타인을 바라보는 우리의 시선과 태도를 이야기하기보다, 서로의 다름을 인정하고, 존중하며, 포용해야 한다는 도덕적 당위를 말하는 것일까요? 타인을 향한 무분별한 막말과 폭력이 일상에서 '대수롭지 않게' 여겨지는 오늘날의 현실에서, 이러한 도덕적 당위로서의 평화가 과연 의미가 있을까요?

평화를 말할 때 우리가 지금 서로를 어떻게 바라보고 있는지 이야기하는 것은 무엇보다 중요합니다. 평화는 한 명의 위대한 개인의 열정과 능력보다 다수의 협동이 필요하기 때문입니다. 그렇기에 우리는 서로를 완전히 이해하거나 공감하지 못한다 해도 서로를 어떠한 시선으로 바라보고, 어떠한 태도와 마음으로 대하고 있는지 끊임없이 성찰해야 합니다. 평화에 대해 말한다는 것은, 곧 우리가 어떻게 함께 살아갈 것인가의 문제를 고민하는 일이니까요.

그렇다면 오늘날 우리는 서로를 어떻게 바라보고 있나요? 더 나아가 우리는 서로를 어떠한 태도로, 어떠한 마음으로 대하고 있나요? 저는 여기서 타인을 향한 우리의 시선과 태도를 통해 평화의 의미를 다시 생각해보고자 합니다. 이 글을 읽는, 당신과 함께요.

각자도생 사회 속 타인의 존재

각자도생各自圖生. 이 말을 들어보신 적 있나요? 제각기 살 방도를 꾀한다는 뜻의 이 말은 우리 사회의 슬픈 단면을 잘 보여줍니다. 서울대 김영민 교수는 한 인터뷰에서 각자도생을, "더불어 살아야 할 어떤 비전도 갖지 못한 상태"라고 말했습니다(한국일보 2019/09/19).

세월호 참사 이후 유행한 이 사자성어는 국가, 사회, 가족, 친구 그 누구에게도 의지할 곳 없는 우리의 슬픈 현실을 잘 보여줍니다. 전 생애에 걸쳐 능력검증의 시험대에 올라 승자가 되기 위해 다투어야 하는 오늘날의 경쟁시스템은 각자도생의 삶을 더욱 강요하지요. 내 한 몸 챙기기도 벅찬 우리에게 함께 하는 삶은 점차 그 의미를 잃어가고 있습니다. 이러한 현상은 타인을 바라보는 우리의 시선에서도 잘 나타납니다.

각자도생-하다 各自圖生하다

발음 [각짜도생하다]

원형 각자-도생

활용 각자도생하여(각자도생해) [각짜도생하여(각짜도생해)] 각자도생하니 [각짜도생하니]

표준국어대사전 고려대한국어대사전 우리말샘

동사

1. 제각기 살아 나갈 방법을 꾀하다.

사전 속 '각자도생'의 의미

출처: 네이버 사전

각자도생 사회에서 타인은 말 그대로 '대상'입니다. 경쟁의 대상, 소비의 대상, 소유의 대상, 증오의 대상, 폭력의 대상 말이죠. 이 대상화는 타인을 존엄한 인간이 아닌 사물로 바라보게 합니다. 마치 물건처럼 말이죠. 물건은 그 도구적 목적에 맞게 사용되는 객체에 불과합니다. 그래서 우리는 물건을 존엄하게 대우하지 않습니다. 물건은 대상이지, 존엄한 존재가 아니니까요.

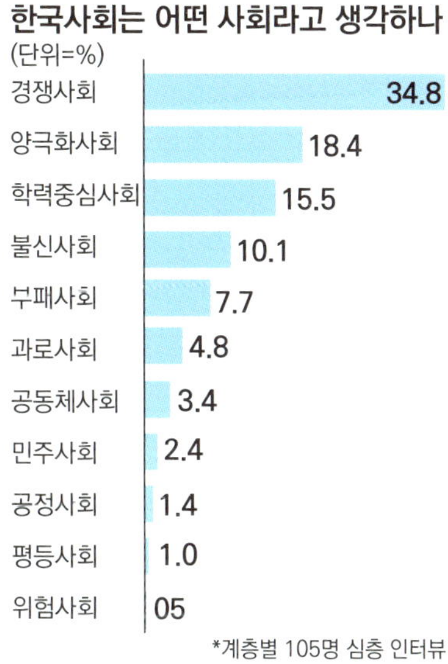

우리가 생각하는 한국 사회는?
출처: 김문조 외, 『한국형 사회 갈등 실태진단 2차 연구』(고려대 한국사회연구소, 2015)

타인은 분명 존엄한 존재입니다. 그러나 우리가 그들을 존엄하게 대우하지 않는다면 그들은 내게 물건에 가까울 것입니다. 그렇기 때문일까요? 우리는 타인을 향해 막말을 쏟아내고, 그들을 하루의 유희거리로 소비하며, 폭력으로 소유하려고 합니다. 나와 같은 존엄한 존재가 아닌, 내 마음대로 행동할 수 있는 대상으로 바라보면서요.

최근 3년간 집계된 데이트 폭력 사망 사건은 총 51건이라고 합니다(동아일보 2019/06/19). 집단 괴롭힘과 성희롱, 성폭행, 몰카·아동포르노 등의 디지털 성범죄, 조직 내 갑질, 폭력과 폭언, 악성 댓글로 피해를 본 피해자와 이를 견디지 못해 스스로 목숨을 끊은 사망자 수도 많을 거라고 봅니다. 살인은 굳이 말할 것도 없지요. 전쟁과 기아로 죽어간 사람들을 다룬 기사보다, 위의 이유로 죽은 피해자를 다룬 기사가 더 많다는 사실은 우리가 오늘날 타인을 어떻게 바라보고 있는지, 어떠한 태도와 마음으로 대하고 있는지를 보다 객관적으로 보여줍니다.

이러한 우리 사회의 모습을 잘 보여주는 웹툰이 있습니다. 2019년, 네이버에 인기리에 연재되었던 웹툰 〈타인은 지옥이다〉입니다. 위 웹툰이 많은 인기를 얻을 수 있었던 것은 웹툰에서 묘사된 현실이 다소 극단적이긴 해도, 오늘날 우리 사회에서 일상적으로 벌어지는 일들을 사실적으로 묘사했기 때문일 것입니다. 타인을 향한 물리적 폭력과 폭언, 인격 모독, 갑질, 살인 등을 말이죠.

그러나 위 웹툰에서 주목할 점은 위 사건들의 잔혹성이 아닌, 그 지옥을 만든 '타인'에 있습니다. 이야기가 전개될수록 우리는 서로에게 끔찍한 지옥을 선사하는 등장 인물들에게서 오늘날 우리의 모습을 겹쳐보게 됩니다. 특히, 타인이 만든 지옥에서 벗어나기 위해 안간힘을 다해 애쓰던 주인공 종우가 술자리에서 마주한 타인의 죽음에 무관심하게 대응하는 모습에서 우리는 그 또한 지옥을 만드는 데 일조한 또 다른 '타인'임을 느끼게 됩니다.

우리가 타인의 존재를 대상(사물)으로 바라본다면, 그 시선은 결국 우리에게 되돌아올 것입니다. 우리 또한 타인이니까요. 묻고 싶네요. 타인은 지옥인가요? 당신도 누군가에겐 지옥이 아닐까요? 우리가 만들어낸 이 지옥 속에서 또한 타인인 우리 자신도 소비와 소유와 폭력과 증오의 대상이 되고 있지는 않은가요?

그렇기에 타인을 바라보는 시선은 적대와 증오, 혐오와 조롱이 아닌 따뜻함을 필요로 합니다. 그 시선 안에는 또한 타인인 당신을 바라보는 시선이 함께 들어있으니 말이에요. 우리는 오늘날의 경쟁 중심의 각자도생 사회에서 모두 고통받으며 살아가고 있습니다. 모두 저마다의 이유로 십자가를 지고 살고 있지요. 당신과 같이 오늘의 삶을 살아내고 있는 타인에게, 당신이 필요로 하는 것처럼 따스한 위로의 시선을 보내는 것이 지금 우리에게 필요한 것은 아닐까요.

타인의 고통을 바라보는 우리의 시선

그러나 안타깝게도 우리는 타인을 향해 따뜻한 시선을 보내는 대신, 타인에게 닥친 위험이나 그들의 고통을 보고도 '나만 아니면 된다'는 생각으로 시선을 돌리지요. 혹은 이렇게 말합니다. "너만 힘드냐? 나도 힘들어. 아니, 내가 더 힘들어!"라고요. 다수가 함께 지켜본 참사 사건의 희생자에 대해서도 이러한 논점은 변하지 않습니다. 추모 대신 모욕으로, 위로 대신 조롱으로 피해자와 그 유가족을 대하지요. 혹은 "지겹다"고 말하며 그만 잊어버리라 말하기도 합니다.

2014년 4월 16일이었죠. 많은 사람의 눈앞에서, 총 476명을 태

서울시청 광장 앞 세월호 리본

운 여객선이 침몰하는 사고로 304명이 사망·실종하는 사건이 벌어졌습니다. 사건 발생 후 전 국민적 추도 속에 많은 이들이 참사의 아픔을 나누며 함께 슬퍼하였고, 언론은 연일 관련 기사들을 쏟아냈습니다. 침몰하는 배에서 먼저 탈출한 선장의 무책임함, 사고 발생 6시간 뒤에야 나타난 대통령의 행적, 정부의 초기대응 실패, 사망한 승객들의 안타까운 사연과 유가족의 슬픔에 이르기까지 수많은 기사가 보도되었습니다. 그리고 그 옆에는 완전히 가라앉은 배와 울부짖는 유가족들의 고통 어린 모습, 슬픔에 젖은 사람들, 그날을 잊지 않겠음을 의미하는 노란 리본까지 많은 이미지와 상징들이 함께 실렸지요.

그리고 얼마나 지났을까요? 이 끔찍한 참사는 점점 작은 TV 화면

과 언론 기사 한 면에 남은 진부한 이미지가 되어버린 것 같습니다. 모두가 함께 나누던 슬픔은 이제 지겨움이 되었고, 일각에서는 "이제 그만하라"는 말이 들리기도 합니다. 모두가 함께 기억하자고 했던 노란 리본을 다는 것은 정치적이라 비난받고, 고통스러운 하루하루를 견디는 유가족들은 날 선 공격과 조롱의 대상이 되고 있습니다.

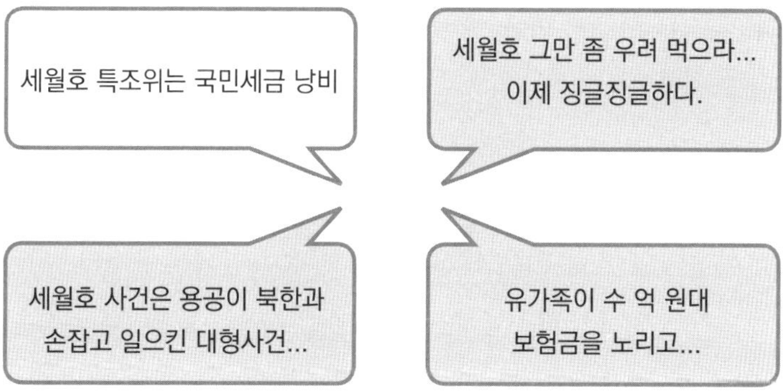

세월호 막말 논란

사실 이러한 현상이 새로운 것은 아닙니다. 한국 근현대사의 아픈 기억인 민간인 학살 사건을 바라보는 일부의 시각 또한 위와 별반 다르지 않거든요. 죽은 희생자들의 사진을 두고 조롱하거나, 그들을 '빨갱이'라 비난하는 행위도 여전히 계속되고 있습니다.

아이러니한 건, 소위 '막말'이라 일컬어지는 위와 같은 현상이 오늘날 더 빈번하다는 점입니다. 특히 여기서 주목하고 싶은 건 희생자와 유가족을 향한 도를 넘어선 조롱과 비난입니다. 형언할 수 없는 그들의 고통을, 누군가는 왜 그리 쉽게 조롱하는 걸까요?

또 다른 이야기를 해볼까요? 얼마 전이었습니다. 2019년 7월 말. 서울 한복판에서 탈북 모자가 '아사'하는 사건이 있었습니다. 한반도 역사상 가장 풍요로운 오늘날 대한민국에서 굶어 죽는 '아사' 사건이 발생했다는 것, 목숨 걸고 넘어온 이 땅에서 그들이 누구의 도움도 받지 못한 채 쓸쓸히 죽음을 맞이했다는 사실은 우리 사회에 큰 충격을 주었습니다. 이러한 극단적 죽음을 맞이한 사례가 또 있죠. 2014년 송파 세 모녀 사건에 이은, 성북 네 모녀 사건이 그것입니다.

이들 사건은 우리 사회 내 취약계층이 처한 극심한 빈곤 위기를 보여준 가장 대표적 사례였습니다. 사건 발생 후 많은 언론이 해당 문제를 다루었고, 각계 전문가들이 나서 현 복지정책의 한계와 향후 대응에 대해 논의하며 복지정책에 많은 관심이 쏟아졌습니다.

그리고 2020년 현재, 매일같이 쏟아지는 언론 기사와 시시각각 변하는 여론 속에서 이들의 이야기는 그들의 삶만큼이나 큰 관심을 받지 못하고 있지요. 이들의 죽음이 진정 어려울 때 도움을 청할 누군가가 곁에 없었기에 벌어진 것임을 생각해본다면, 오늘날 우리는 힘겨운 일상을 보내고 있을 이들에게 여전히 너무 무관심한 것은 아닐까요? 혹은 그들의 고통을 하루 한 잔씩 마시는 커피처럼, 일상적으로 소비하고 있는 것은 아닌가요.

위의 사례들은 타인의 고통을 바라보는 우리의 시선 중 하나입니다. 조롱과 비난, 무관심 말이죠. 대부분 이러한 시선의 토대에는 "너만 힘드냐? 나도 힘들다!"라는 생각이 깔려있습니다. 이는 타인이 겪은 고통의 맥락을 이해하기보다, 특정한 기준에 따라 그 고통의 경중을 가늠하려는 것이죠. 여러분도 아마 많이 들어보셨을 겁니다. 누군가가 자신이 겪는 고통을 토로했을 때, 그들의 고통을 자신의 기준에 맞추어 재단하며 평가하려는 시도를요. 가장 많이 들어본 말은 이 말이 아닐까요? "나 때는 말이야. 더 힘들었어. 그 정도 힘든 건 아무것도 아냐." 어때요. 많이 들어보셨죠?

우리의 무관심 속 잊혀진 사람들

고통을 위로받지 못하는 사회에서 우리는 우리 자신의 고통을 오롯이 혼자 견뎌내며 살아갑니다. 여기서도 각자도생하는 삶이 적용됩니다. 우리는 이제 '나'의 고통에 집중한 채, 타인의 고통에 무관심하죠. 이러한 현상은 가까운 인간관계에도 적용됩니다. 가까운 사이일수록 '누가 더 힘든가.'를 따지는 불행 배틀이 격화되는 경우가 더 많죠. 누구보다 더 위로받고 싶었던 사람에게 위로받지 못하는 슬픔은 곧 격양된 분노로 바뀌는 경우가 많으니까요. 그래서 우리는 가족, 애인, 친구를 향해 더 많이, 더 자주 이렇게 말하고는 합니다. "내가 얼마나 힘들고 고통스러운데! 대체 왜 몰라주는 거야!"라고요.

어쩌면 우리는 타인의 고통을 조롱함으로써 역으로 나의 고통에 무관심한 이 사회와 그 속에 있는 또 다른 타인에게 보복을 가하고 있는지도 모릅니다. "나도 여기 있으니, 나 좀 봐줘."라는 외침과 함께 말이죠.

어떻게 함께 살 것인가

그러면 묻고 싶습니다. 앞으로 우리는 어떻게 '함께' 살아야 할까요? 혹은 '어떻게 살 것인가'의 문제만큼 '어떻게 함께 살 것인가'의 문제에 대해 고민해보신 적, 있으신가요?

누군가는 타인과 함께 살아가는 삶을 거부하며 스스로 고립을 선택하기도 합니다. 한 TV 프로그램에서는 그들을 '자연인'이라 칭하더군요. 수많은 인파가 밀집한 도시 대신 첩첩산중에 은거한 채 홀로 살아가는 그들의 삶을 보며 소위 힐링healing한다는 분들도 많은 것으로 압니다. 더 나아가 그들의 삶을 동경하는 분들도 많지요. 그러나 중요한 점은 그들 또한 사회에서 완전히 격리되어 살아가는 것은 아니라는 점입니다. 그저 타인과 거리를 두고 있는 것이지요. 이 거리두기가 그들이 선택한 삶의 방식일 것입니다.

살아가는 환경의 차이일 뿐, 우리 또한 타인과 거리를 둔 채 오롯이 '나'에 집중하는 삶을 살기를 원합니다. 오늘날 많은 사람이 타인에게 휘둘리지 않고 나답게 살길 바라는 것이 가장 좋은 사례겠지요.

그러나 많은 사람은 나답게 산다는 것을 타인과 완전히 동떨어져 특별하고 특출한 개별성을 지니는 것으로 생각합니다. 남의 말은 듣지 않고 내가 하고 싶은 대로 사는 삶이 '나'다운 삶이라는 거죠.

이러한 나다움에는 한 가지 중요한 사실이 빠져있습니다. 우리의 삶이 내가 원하든 원하지 않던, 서로 숱한 영향을 주고받으며 흔적을 남길 수밖에 없다는 사실 말이죠. 자기만이 중심이 되는 나다움에는 타인, 그리고 우리는 존재하지 않습니다. 그러나 이런저런 이유로 부딪히는 저 낯선 타인과 함께하는 삶은 우리에게 이미 '주어진' 조건입니다. 그렇기에 우리는 나의 삶의 중심을 잃지 않으면서도 어떻게 타인과 함께 살아갈 것인지에 대해 치열하게 고민해야 합니다.

안타까운 사실은 오늘날 우리가 혼자의 삶을 위해 필요한 것들을 자처하며 배우는 것과 달리, 타인과 어울려 살아가는 삶의 방식은 배우려 하지 않는다는 점입니다. 혹자는 우리가 사회화 과정을 통해 속한 특정 집단(가족, 또래 집단, 학교, 회사 등) 안에서 어울림의 방법들을 배운다고 말할지 모릅니다. 그러나 오늘날의 사회화 과정에서 강조되는 규칙은 평등한 기회, 공정한 규칙에 토대를 둔 자유로운 경쟁과 능력주의입니다.

그래서일까요. 오늘날 우리 사회의 절대 규칙(자유경쟁과 능력주의)을 학습하고 내재화하는 사회화 과정 안에서, 우리는 도리어 타인과 함께 어울려 살아가는 법을 잊고 있는 것 같습니다. 그 대신, 스펙을 쌓아 능력을 인정받기 위해 돈과 시간과 노력을 쏟고 있지요.

이졸데 카림Isolde Charim은 "호모 이코노미쿠스Homo-economicus로서 의무가 있는 주체, 의무를 채워야 하는 주체로서의 통합을 권하는" 사회에서 "사회적 권리는 점점 더 주체라는 지위 대신 능력과 결합되었다"고 지적합니다(이졸데 카림 2018; 200). 즉, 존엄한 인간으로서의 존중을 말했던 사회적 권리는 이제 경쟁에서 승리한 능력 있는 이들이 누리는 권리로 변화하고, 국가의 복지는 "사회적 소외의 극단적인 사례"만을 다루게 된다는 것이죠(이졸데 카림 2018; 201).

이러한 우리 사회의 어두운 단면은 타인, 그리고 그들의 고통을 바라보는 우리의 시선에서 잘 나타납니다. 경쟁의 대상, 소비의 대상, 소유의 대상, 증오의 대상, 분노의 대상, 폭력의 대상으로 타인을 바라보고, 그들의 고통을 조롱·비난하며 무관심하게 바라보는 우리의 시선에서요.

서로를 적대하고, 조롱과 비난의 시선으로 바라보는 사회. 불행하고 불안하지 않나요? 당신은 제가 당신을 어떠한 시선으로 바라봐주시길 바라시나요? 당신의 마음을, 당신의 고통을, 당신의 삶을 좀 더 따듯하게 바라봐주길 원하지 않나요? 저 역시 당신이 저의 삶을, 저의 마음을, 저의 고통을 따뜻하게 바라봐주길 바랍니다. 우리는 결국,

어떻게든 함께 살아가야 하니까요.

우리의 의미 그리고 평화

> 당면의 문제가 타인의 고통에 눈을 돌리는 것이라면,
> 더 이상 우리라는 말을 당연시해서는 안 된다.
> (수전 손택 2014; 23)

많은 사람이 타인을 조롱하고 비난하며 '우리'를 이야기합니다. 우리 사회, 우리나라, 우리 국민을요. 정치인들의 막말에 우리나라, 우리 국민이 빠지지 않는 것을 생각해보세요.

저는 그 말들을 들을 때마다 공허함을 느낍니다. 그리고 묻고 싶습니다. 당신이 조롱하고, 비난하고, 증오하고, 혐오하는 그들은 '우리'가 아니냐고요.

타인을 향해 조롱과 막말을 일삼는 사회에서 '우리'가 함께 하는 삶을 이야기할 수 있을까요? 더 나아가 평화는요? 제가 궁금한 건, 평화를 말하면서 왜 현실의 우리는 피부색, 성별, 인종, 지역, 학벌, 계급, 정치이념, 종교, 성 정체성 등을 이유로 타인을 적대하고, 그들의 고통을 조롱하면서 그러한 행위들을 '우리'를 위한 것으로 합리화하냐는 겁니다.

저는 평화를 위해 서로를 존중하고 공감하며, 사랑해야 한다는 이상적 대안을 말하고 싶지 않습니다. 남과 북의 평화, 동북아시아의 평화, 더 나아가 세계평화를 말하기 전에 우리가 서로를 바라보는 시선, 그리고 우리의 태도를 이야기하고 싶습니다.

진정 평화를 실현하고자 한다면, 타인의 고통에 눈을 돌린 채 '우리'라는 말을 당연시해서는 안 될 것입니다. 평화를 말한다는 것은, 곧 우리가 어떻게 함께 살아갈 것인가의 문제를 고민하는 일이니까요.

우리는 고통 받는 타인의 모습에 안타까움을 느낄 수도, 조롱할 수도, 무관심할 수도 있습니다. 그렇다면, 우리 사회는 어떤가요? 우리는 어떠한 시선으로 타인의 고통을 바라보고 있나요? 더 나아가, 우리는 서로를 어떠한 태도로, 어떠한 마음으로 대하고 있나요? 이제 당신은 저를 어떻게 바라보실 건가요?

나는 의뢰인도 고객도 사용자도 아닙니다.

나는 게으름뱅이도 사기꾼도 거지도 도둑도 아닙니다.

나는 보험 숫자도 화면 속 점도 아닙니다.

난 묵묵히 책임을 다해 떳떳하게 살았습니다.

난 굽실대지 않았고 이웃이 어려우면 그들을 도왔습니다.

자선을 구걸하거나 기대지도 않았습니다.

나는 다니엘 블레이크, 개가 아니라 인간입니다.

이에 나는 내 권리를 요구합니다.

인간적 존중을 요구합니다.

나, 다니엘 블레이크는 한 사람의 시민

그 이상도 그 이하도 아닙니다.

켄 로치 감독·폴 래버티 각본,

영화 <나, 다니엘 블레이크(I, Daniel Blake)> 중

이혜연 마틸다

사람과 사람 사이 존재하는 촘촘한 권력 관계에 끌려 정치학을 전공했다. 평생 걱정 없이 연구하고, 공부하는 삶을 목표로 새로운 길을 향해 준비 중이다. 이 사회에 제법 괜찮은 사람이 되는 게 소박한 꿈이다.

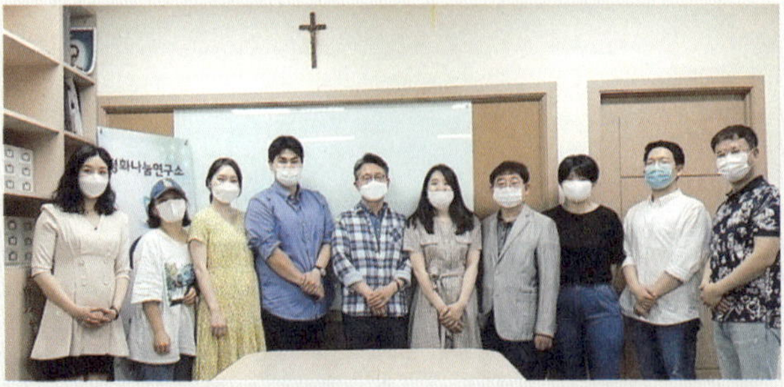

2019한반도평화나눔포럼
토마스회 특별대담
우리가 꿈꾸는 평화의 문화
일시: 2019년 5월 19일(일) 16:00~17:30

토마스회 소개

토마스회는 한반도에서 어떻게 평화를 만들어갈 수 있는지 함께 고민하며 활동하는 학술 공동체입니다. 토마스회에는 북한과 통일 분야 신진 연구자와 활동가, 교육자 등 우리 사회의 일상을 살아가는 이 시대의 피스메이커들이 함께하고 있습니다.

토마스회는 2016년 결성된 후 평화를 주제로 하는 학술행사와 나눔 활동을 진행해 왔습니다. 이 단행본은 2021년 2월 토마스회 창립 5주년을 맞아 지금까지 회원들이 삶의 현장에서, 혹은 우리의 마음 속에 담아 두었던 평화에 대한 이야기를 풀어낸 소중한 결과물입니다.

분단으로 고통받아온 지난 70년, 한반도의 평화와 이 시대를 살아가는 청년들의 평안을 빌며 이 책을 드립니다.

속삭이다, 평화

초판 1쇄 인쇄 2020년 12월 9일
초판 1쇄 발행 2020년 12월 15일

엮은이 천주교 서울대교구 민족화해위원회 부설 평화나눔연구소 산하 토마스회
지은이 최소영, 손서정, 김예슬, 박현우, 이조영, 정일영, 최이슬, 태희준, 이준하, 이시권, 이혜연
펴낸이 박성복
펴낸곳 도서출판 월인
주 소 01047 서울특별시 강북구 노해로25길 61
등 록 1998년 5월 4일 제6-0364호
전 화 (02)912–5000
팩 스 (02)900–5036
홈페이지 www.worin.net
전자우편 worinnet@hanmail.net

ISBN 978-89-8477-696-8 93340

값은 뒤표지에 있습니다.